高职高专经济管理类·旅游管理系列教材

（第二版）

厦门风情

主　编　黄邦恩
副主编　曾启鸿

图书在版编目（CIP）数据

厦门风情 / 黄邦恩主编；曾启鸿副主编. -- 2 版. -- 厦门：厦门大学出版社，2023.8
高职高专经济管理类·旅游管理系列教材
ISBN 978-7-5615-9068-3

Ⅰ．①厦⋯ Ⅱ．①黄⋯ ②曾⋯ Ⅲ．①旅游指南-厦门-高等职业教育-教材 Ⅳ．①K928.957.3

中国版本图书馆CIP数据核字(2023)第138291号

出 版 人	郑文礼
责任编辑	江珏玙
美术编辑	李嘉彬
技术编辑	朱 楷

出版发行　厦门大学出版社

社　　址	厦门市软件园二期望海路 39 号
邮政编码	361008
总　　机	0592-2181111　0592-2181406(传真)
营销中心	0592-2184458　0592-2181365
网　　址	http://www.xmupress.com
邮　　箱	xmup@xmupress.com
印　　刷	厦门市金凯龙包装科技有限公司

开本　787 mm×1 092 mm　1/16
印张　9.25
插页　2
字数　200 千字
版次　2018 年 2 月第 1 版　2023 年 8 月第 2 版
印次　2023 年 8 月第 1 次印刷
定价　32.00 元

本书如有印装质量问题请直接寄承印厂调换

厦门大学出版社
微信二维码

厦门大学出版社
微博二维码

2018年2月,受到厦门城市职业学院和厦门大学出版社的大力支持,《厦门风情》正式出版。本书出版迄今已经过了5年,受众较多,时移事易,结合厦门最新发展情况及党的二十大精神,本书第二版作了较大程度的修改和完善。在本次修订过程中,厦门海洋职业技术学院曾启鸿老师倾注了大量心血,帮忙仔细校订书中的过时数据,提供大量新的资料和修改意见,因此,本书改版时将其增补为副主编。

在本书修订过程中,我们坚持守正创新,守正才能不迷失方向、不犯颠覆性错误,创新才能把握时代、引领时代。我们以科学的态度对待科学、以真理的精神追求真理,坚持马克思主义基本原理不动摇,坚持党的全面领导不动摇,坚持中国特色社会主义不动摇,紧跟时代步伐,顺应实践发展,以满腔热忱对待一切新生事物,不断拓展认识的广度和深度,在本次修订中加入新形态内容,力争把《厦门风情》一书编写得更好、更到位,更符合当下读者的阅读需求和来厦游客的需要。

黄邦恩

2023 年 6 月

厦门市地处我国东南沿海——福建省东南部、九龙江入海口,与金门列岛隔海相望。厦门是习近平总书记曾经工作生活过3年的地方,是习近平新时代中国特色社会主义思想的萌发地之一,还被习近平总书记称为"一座高素质的创新创业之城,高颜值的生态之城"。作为一个国际性海港风景城市,厦门在历史上就是我国东南沿海对外贸易的重要口岸。她是中国最早实行对外开放政策的四个经济特区之一,也是全国五个计划单列市之一,是副省级城市,享有省级经济管理权限并拥有地方立法权。厦门陆地面积1700.61平方公里,海域面积390多平方公里,总人口530.80万。她是一座美丽的城市,在这里生活着一代又一代悠闲自在的当地人,以及来自五湖四海辛勤打拼的外地人,他们一起融入这个城市,成为现在的厦门人。这里气候宜人、四季如春、风景秀丽、环境整洁,是中国最适宜人居的城市之一。这是一座令人向往的城市,吸引着来自全世界各地的游客。习近平总书记盛赞厦门是一座高素质的创新创业之城,也是一座高颜值的生态花园。

厦门还是一座荣誉等身的名城,是全国卫生城市、全国环境保护模范城市、全国绿化模范城市、国家森林城市、全国文明城市、全国双拥模范城市十连冠、国际花园城市、联合国人居奖城市。这里有闻名海内外的鼓浪屿,还有千年古刹南普陀、百年学府厦门大学、世界古炮王克虏伯大炮,有中国离闹市区最近的大型园林植物园,有世界最美丽的马拉松跑道——厦门环岛路,有永不落幕的水上园林博览会——厦门园林博览苑。爱国华侨领袖陈嘉庚创建的集美学村集幼儿园、小学、初中、高中、大学于一体,陈嘉庚纪念胜地是国家4A级景区,陈嘉庚墓是全国重点文物保护单位。

厦门人杰地灵,历史上英雄豪杰辈出。"南陈北薛久留传",说的是在唐朝时就有以陈黯为代表的陈家居住在厦门岛内洪济山脉的南面,唐朝宰相薛令之的孙子的家族则居住在洪济山脉的北面。北宋的宰相苏颂是今厦门同安区人,其主持创制的水运仪象台是11世纪末我国杰出的天文仪器,也是世界上最古老的天文钟。南宋理学大师朱熹首次出仕即担任同安县主簿,走遍厦门的山山水水,留下许多文采政绩。郑成功作为一代名将,其驱荷复台的伟大功绩是在厦门奠定基础的,至今,由他定名的"思明"二字仍是厦门核心区的名字。一代华侨巨商黄奕住从厦门口岸走出去,成为"印尼糖王",之后又回到厦门定居,创办了近代中国最大的侨资银行——中南银行,还为厦门的市政建设做出难以磨灭的贡献。以倾资兴学、教育救国为终生理念的华侨领袖陈嘉庚是厦门集美人,他创办的厦门大学和集美学村至今还为国家的教育事业发出最强大的声音。因日本据台而迁居鼓浪屿的台北板桥林尔嘉,他创办的菽庄吟社聚拢了一大批志在抗日复台的文人学子,前后历时30年,创造了闽台文学史上的一大盛景。两脚横跨东西文化的一代文学大师林语堂在鼓浪屿度过他的童年和少年时光,又娶了鼓浪屿的女儿为妻,曾将"半个北大搬到厦大",深刻地影响了厦门大学。出生于鼓浪屿的新中国妇产科奠基人林巧稚大夫,一生亲手接生了五万名婴儿,她一辈子在践行这句话:"怀着非凡的爱,做平凡的事",这是一句感动和温暖了整个世界的话语。除此之外,周淑安、殷承宗、许斐平、郑小瑛、胡友义等一大批厦门名人,都为人类、为厦门做出过杰出的贡献。

厦门地处闽南海滨,海鲜肥美,因而取闽菜粤菜之长形成了独特的制作工艺,同时又毗邻台湾,吸取了台湾美食的精致和多样化特色,使得厦门海鲜具有了与众不同的风格,海鲜四宝蟹、虾、鱼、贝独具特色,形成风格各异的海鲜排档和海鲜酒楼。厦门的风味小吃亦久负盛名,发展至今已有200余种。其中尤以咸食的烧肉粽、鱼丸汤、沙茶面、虾面、薄饼、芋包、韭菜盒、土笋冻、油葱粿、炒粿条,甜食的花生汤、圆仔汤、贡糖夹饼、炸枣等最受欢迎。

厦门风物特产丰富,令人目不暇接。其中工艺品类有珠绣、漆线雕、惠安石雕、金门菜刀、金门风狮节等;食品类有黄胜记肉松、鼓浪屿海产干货、鼓浪屿馅饼、南普陀素饼、龙眼等各种亚热带瓜果、金门高粱酒、金门贡糖等;药品类有金门一条根、片仔癀等。游客在尽情游玩美丽厦门的同时,可带上值得留念的旅游纪念品,留下珍贵的回忆。

厦门民俗是厦门文化中最具传统特色的部分。它源于先民们在开发厦门岛历史进程中先后带来的原乡民俗文化,又在走向都市化的环境条件下相互融合扬弃,适应城市居民的社会生活方式,发展出自己的传统。厦门传统民俗文化,是闽南民俗文化的一个分支。厦门作为清代以来福建省重要的出洋口岸,是近代以来闽南的中心城市,因而,厦门是闽南文化流播台湾、东南亚的一个中转站,又是闽南文化圈民俗相互交流影响的一个窗口。

黄邦恩
2018 年 1 月

第一章	厦门城市荣誉	1
第一节	厦门概况	1
第二节	厦门城市荣誉	3

第二章	厦门著名景点	15
第一节	鼓浪屿	15
第二节	万南炮环	25
第三节	集美陈嘉庚纪念胜地	35
第四节	厦门大学	39
第五节	金门	45

第三章	厦门名人	49
第一节	民族英雄——郑成功	50
第二节	抗英名将——陈化成	52
第三节	印尼糖王、中国银行家、"鼓浪屿房地产之父"——黄奕住	54
第四节	华侨旗帜——陈嘉庚	59
第五节	菽庄主人——林尔嘉	63
第六节	文学巨匠、幽默大师——林语堂	66
第七节	新中国妇产科奠基人——林巧稚	69
第八节	弘一法师与厦门情缘	72
第九节	蒋介石与厦门	75

第四章 厦门名人（下）——音乐名人 ... 77
- 第一节 中国现代音乐事业先驱者——周淑安 ... 77
- 第二节 稀世俊杰、德艺双馨——林俊卿 ... 79
- 第三节 钢琴大师——殷承宗 ... 80
- 第四节 行吟四海、钢琴大师——许斐平 ... 83
- 第五节 许兴艾 ... 85
- 第六节 音乐艺术常青树——郑小瑛 ... 86
- 第七节 著名指挥家——陈佐湟 ... 88
- 第八节 一世琴缘、毕生乡情——胡友义 ... 89

第五章 厦门美食 ... 93
- 第一节 风味小吃 ... 93
- 第二节 厦门海鲜 ... 104

第六章 厦门风物特产 ... 109
- 第一节 工艺品类 ... 109
- 第二节 土特产品 ... 111

第七章 厦门民俗 ... 123
- 第一节 生活礼俗 ... 123
- 第二节 岁时节俗 ... 125
- 第三节 民间禁忌 ... 131

参考文献 ... 138

后 记 ... 139

第一章
厦门城市荣誉

第一节　厦门概况

一、厦门的美丽传说

相传厦门岛远古时为白鹭栖息之地，故又称"鹭岛"。在很久很久很久以前，岛上渺无人烟，但是水草肥美、鱼虾丰富，后来，来了一群白鹭，它们从远方叼来各种花草树木的种子撒播在这片土地上，又用坚硬的嘴凿开了一个又一个泉眼，在它们的辛劳努力下，岛上出现了一片鸟语花香的景象。后来，在东海海底下有一只修炼了千年的妖蛇看上了美丽的鹭岛，率领成千上万条蛇子蛇孙进犯鹭岛，岛上的居民——白鹭在它们的首领鹭王的率领下，与这群妖蛇展开了英勇的搏斗，最终赶跑了群蛇。可惜的是，鹭王在与蛇王搏斗时不幸受了重伤，后来，在鹭王流淌鲜血的地方，长出一棵开满红色鲜花的树，这就是凤凰木。现在，凤凰木已成为厦门市的市树，而白鹭则成为厦门市的市鸟。

二、厦门的市树、市鸟、市花

厦门的市树凤凰木，为茎科，属落叶大乔木，高达20米，树冠开花萼绿色，花冠鲜红色，卜部之花瓣为黄色条纹，荚果木质，长达50厘米。它性喜光，很不耐寒，生长迅速，根系发达，播种繁殖、移植易活。夏季开花，花大色艳，满树火红，绿叶相映，更觉美丽。

厦门的市鸟白鹭，属涉禽类，鹳形目，鹭科。白鹭又名鹭鸶，颈长，呈"S"形，眼黄色，嘴长而尖，腿长又细，嘴和腿黑色，全身纯白，夏季生殖，颈部垂有长翕二枚，状若双瓣。

白鹭

厦门的市花三角梅,紫茉莉科宝巾属,藤木茎多具刺,俗称"光叶子花"、"宝荆",古称"九重葛",亦称"南美紫茉莉",北方多叫"叶子花",广州称之为"勒杜鹃",香港则译成"宝巾花"。由于它在新枝顶端,通常是三朵簇生在三片苞片之中,花朵外围的苞片丽紫妖红,形似三角形,故又名"三角梅"。它不算名花,在厦门一年四季都开花,"独傲红颜长不逝,春风来去总怀情"。三角梅的种类相当多,厦门常见的有白苞重瓣、皱叶深红、橙红色、鸳鸯、红苞、光叶斑叶、紫红重瓣、艳紫斑叶、茄色、双色、怡景三角梅等。三角梅枝繁叶茂,色彩鲜艳,藤牵蔓引,高低有致,蕊簇叶快,摇曳多姿。

三角梅

三、"厦门"名称的由来

厦门因地处九龙江下游出海口,故称"下门",后来渐渐地雅化为"厦门",寓"祖国大厦之门"的意思。明初,江夏候周德兴修厦门城,始有"厦门"之称。

1843年,厦门开埠后,洋人问洋买办这个地方叫什么,买办是福州人,就按福州话的"厦门"发音告诉他,老外们就把厦门称为"AMOY",这是厦门的英文名称"AMOY"的由来。

四、面积、人口

截至2022年底,厦门全市常住人口530.80万人,常住人口城镇化率90.19%。全市人口出生率7.56‰,人口死亡率3.40‰,人口自然增长率4.16‰,比上年下降1.12个千分点。

全市户籍人口293.00万人,户籍人口城镇化率87.6%。户籍人口中,城镇人口256.59万人。思明、湖里两区合计131.90万人,占全市户籍人口的45.0%。户籍人口中,男性人口和女性人口分别为142.46万人、150.54万人,性别比为94.63(女性为100)。

厦门总面积1700.61平方公里,共划分为6个行政区,分别是思明区、湖里区、海沧区、集美区、同安区、翔安区。

第二节 厦门城市荣誉

自1980年代厦门设立经济特区以来,经过四十多年的发展,厦门获得了无数的城市荣誉。

一、特区城市

1980年10月国务院批准厦门设立经济特区,面积2.5平方公里。

1984年2月,邓小平同志视察厦门后,厦门特区范围扩大到全岛,面积131平方公里,并逐步实行了自由港某些政策。

1984年2月10日,邓小平在厦门园林植物园内亲手种植一棵大叶樟,后被人们亲切地称为"小平树",寄托了厦门人民对邓小平的思念和缅怀之情。

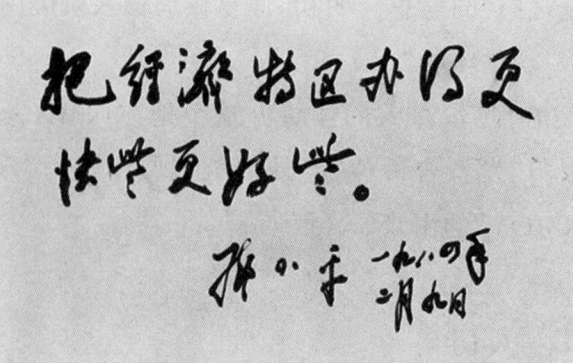

1984年2月邓小平同志为湖里经济特区题词

2010年6月,国务院又批准将厦门经济特区的范围扩大到全市。

二、计划单列市(副省级城市)

计划单列市为中华人民共和国行政区名之一,出现在20世纪80年代,是让一些大城市在中国国家计划中实行单列,享有省一级的经济管理权限,而不是省一级行政级别。计划单列市的收支直接与中央挂钩,由中央财政与地方财政两分,而无须上缴省级财政。

目前,全国只有厦门(1993年批准)、深圳、宁波、青岛、大连五个计划单列市,行政级别为副省级(副部级)。

除此,还有十个省会城市为副省级城市,分别为哈尔滨、长春、沈阳、济南、南京、杭州、武汉、广州、成都、西安。

三、国家卫生城市(1996年)

1990年,素有"海上花园"之称的厦门在全国35个直辖市、省会城市和计划单列市中的创卫评比中名列倒数第四。

厦门人立即进行了反思,分析原因,主要是在硬件及市容管理方面比较薄弱。于是从1990年到1995年,厦门市光在创卫的硬件上就投入68.7亿元。

经过5年的建设,在1995年的全国卫生城市检查评比中,厦门市位居第一。

1996年5月18日,全国爱卫会正式授予厦门市"国家卫生城市"荣誉称号,五年的"创卫"过程,使得厦门城市建设迈上一个新的台阶。国家卫生城市的荣誉是厦门城市建设的里程碑,在厦门城市建设发展过程中具有奠基石的作用,无论怎样描述其巨大贡献都不过分。在此基础上,有关厦门城市的各项殊荣接踵而至。

1999年,厦门在第四次全国城市卫生检查中被全国爱卫会确定为免检城市。

此后,2007年、2011年、2016年、2019年、2022年,厦门在通过全国爱卫办组织的历次抽查暗访后,都被重新确认为"国家卫生城市"。自1996年获评"国家卫生城市"以来,厦门市始终保持这一称号。

四、园林城市

厦门坚持绿水青山就是金山银山的理念,全方位、全地域、全过程加强生态环境保护,生态文明制度体系更加健全,污染防治攻坚向纵深推进,绿色、循环、低碳发展迈出坚实步伐,生态环境保护发生历史性、转折性、全局性变化,厦门天更蓝、山更绿、水更清,在园林城市建设方面取得了长足的进步,具体如下:

1. 国家园林城市(1997年)

"国家园林城市"由住房和城乡建设部评选,其评选标准是:分布均衡、结构合理、功能完善、景观优美,人居生态环境清新舒适、安全宜人的城市。1997年,厦门获评"国家园林城市"。

2. 国际花园城市(2002年)

"国际花园城市"由联合国环境规划署(UNEP)与其支持并认可的非营利性组织——国际公园与康乐管理协会(IFPRA)联合主办,是一项涉及城市与社区环境管理的国际竞赛,其目标是通过创建宜居的社区和城市,提升市民的生活质量,构建和谐发展的社会。

国外媒体将此项活动比作"城市的选美",其理念的超前性、标准的严格性、评委的权威性和竞争的激烈性,堪称"绿色奥斯卡"。

"国际花园城市"按照城市人口规模分为五个类别:1万人以下规模城市(A类)、1万至5万人规模城市(B类)、5万至30万人规模城市(C类)、30万至100万人规模城市(D类)、100万人以上规模城市(E类)。

"国际花园城市"的五个评选标准为:

(1)景观改善:主要看参选城市如何改善景观,以创造使居民感到自豪、增加居民愉快的休闲体验和提高社区生活质量的环境。

(2)遗产管理:主要涉及参选城市如何珍视、保护和管理文化、自然、历史与民族遗产。

(3)环保实践:主要涉及良好的环境习惯,环境可持续管理和改善,持续减少自然资源消耗等内容。

(4)公众参与:主要涉及参选城市公众参与的程度,包括工商界、个人志愿者及全体市民在本地环境的规划、管理及维护等方面的参与。

(5)未来规划:主要涉及参选城市如何运用敏感并有创意的规划技术来创建较长远的、可持续的、适宜居住的环境。

2002年,在德国斯图加特市,厦门获得人口规模最大、级别最高的E组第一名,杭州获第二名。

在这次决赛中,厦门市代表团通过演讲、答辩和播放影像资料等形式展现了厦门的良好风貌。三位答辩人员分别为:周秋麟(海洋三所教授)、潘威廉(厦门大学美籍教授)、孙飒梅(厦门市环保局)。

其中,美籍教授潘威廉说"在厦门,你只要步行15分钟就可以看到一个公园",成为宣传美丽厦门最好的一句广告语。

3.全国绿化模范城市(2008年)

由全国绿化委员会主办的"全国绿化模范城市"表彰活动,每两年表彰一次,2008年是第三届。"全国绿化模范城市"是对城市造林绿化及园林绿化最高等级的表彰,厦门于2008年获得此荣誉,由时任国务院副总理回良玉颁奖。

截至2011年10月,厦门全市有林地面积109.6万亩,森林覆盖率达42.8%;城市建成区园林绿地总面积达6110公顷,建成区绿化覆盖率(城市绿地总面积/城市用地总面积×100%)达39.8%,绿地率(城市各类绿地总面积÷城市总面积×100%)达35.56%,人均公共绿地面积达11.04平方米。城市绿地和生态系统粗具规模。

美丽厦门一角

4.国家森林城市(2013年)

"国家森林城市"是指城市生态系统以森林植被为主体,城市生态建设实现城乡一体化发展,各项建设指标达到一定指标并经国家林业主管部门批准授牌的城市。

在获得"国际花园城市"等多个殊荣之后,2010年,厦门市委、市政府又做出创建"国家森林城市"的决定,使厦门成为福建省第一个提出创建"国家森林城市"的城市。

厦门市的"创森",以"海西森林城市、温馨宜居厦门"的建设理念为指导,以建设生态文明为主题,通过实施岛内外森林城区、生态风景林、道路景观林、绿色海岸、森林村镇、绿色军营、生态旅游、生态文化、林业产业和基础设施等建设工程,全面推进厦门森林城市建设。

厦门以创建"国家森林城市"为契机,大力推进城乡绿化统筹发展,初步形成了城市与森林和谐发展、人与自然和谐相处的良好局面。厦门努力构建点、线、面相结合的山、海、岛、城集于一体的城市森林网络,实现了四季有花、终年常绿、环境优美的宜居城市建设目标。

自2009年创建"国家森林城市"至2013年评选,厦门市新造林面积4822.13公顷,平均每年完成新造林面积占市域面积的1.03%。目前,厦门的森林覆盖率达到42.8%,城区绿化覆盖率为41.76%,城区人均公园绿地面积11.38平方米。全市建有分布相对均匀的各类公园绿地366处,各级各类公园88个(其中森林公园7个),在城区步行500米有休闲绿地,步行15分钟可到一个公园。

2013年9月，厦门市被全国绿化委员会、国家林业局评为福建省首个"国家森林城市"。

2013年9月，厦门市被全国绿化委员会、国家林业局评为福建省首个"国家森林城市"之后增加：

2018年11月，国家林业和草原局发布《关于厦门市国家森林城市复查情况的通报》，复查结果为合格，厦门顺利通过国家森林城市复查。

5.国家生态园林城市（2020年）

国家生态园林城市可以说是国家园林城市的"升级版"，既是国家园林城市建设的重要组成部分，又是国家园林城市内涵的深化和拓展。国家生态园林城市更加注重城市生态功能的完善、城市建设管理综合水平的提升、城市为民服务水平的提升。相较于国家园林城市，国家生态园林城市的考核评估指标更为严格。它是目前我国评价城市生态环境建设的最高荣誉，是城市建设、发展水平和文明程度的集中体现。

2020年1月，厦门市被国家住房和城乡建设部评为福建省首个"国家生态园林城市"。

五、环保城市和国家生态市

1997年，厦门获得"国家环境保护模范城市"称号，由国家环境保护总局授予（称号有效期5年）。其主要标志是：社会文明昌盛，经济快速发展，生态良性循环，资源合理利用，环境质量良好，城市优美洁净，生活舒适便捷，居民健康长寿。

厦门市2005年通过了国家环境保护模范城市第一批复查。

国家生态市建设是一个系统工程，包括生态经济、生态环境，涉及循环经济、清洁生产、开发区生态化改造、低碳经济、综合利用、生态修复、生态文化营造、生态人居、生态制度等多个方面。

2015年8月，厦门市顺利通过国家环境保护部的生态市考核验收，成为福建省首个通过验收的城市，也是全国第二个通过验收的副省级城市。

2016年10月，厦门被国家环境保护部正式命名为"国家生态市"，这无疑是厦门生态文明建设征程上至关重要的一个里程碑。生态文明建设只有起点，没有终点。厦门将持之以恒地贯彻落实中共中央、国务院关于加快推进生态文明建设的决策部署，贯彻落实创新、协调、绿色、开放、共享的新发展理念，争当"绿水青山就是金山银山"的践行者和引领者，以更高的标准严格要求自己。

厦门,是习近平生态文明思想的重要孕育地和先行实践地。一直以来,历届厦门市委、市政府牢记总书记对厦门"成为生态省建设的排头兵"的殷切嘱托,高度重视生态文明建设,接续奋斗、开拓进取,绘就生态环境"高颜值",实现经济发展"高素质"。

2022年11月,厦门被生态环境部命名为第六批国家生态文明建设示范区,成为全国第二个获此殊荣的副省级城市。

驰而不息,久久为功,生态文明建设永远在路上。厦门市坚定不移地以习近平新时代中国特色社会主义思想为指导,坚持自觉做习近平生态文明思想的坚定信仰者、忠实践行者和不懈奋斗者。全面贯彻党的二十大精神,立足新发展阶段,贯彻新发展理念,积极服务和深度融入新发展格局,努力建设人与自然和谐共生的现代化,推动厦门的高素质更具实力、高颜值更富魅力、现代化更增活力、国际化更有张力,把厦门建设得更加美丽、更加富裕、更加平安、更加繁荣,让"清新的蓝""怡人的绿"成为厦门恒久的骄傲,为美丽中国建设提供更多"厦门经验""厦门模式"。

六、旅游城市

1.中国优秀旅游城市(1999年)

国家旅游局于1998年开始创建中国优秀旅游城市,在全国范围内严格评选后公布,厦门是首批中国优秀旅游城市。

中国优秀旅游城市奖杯、奖牌

2.中国青年喜爱的十大旅游目的地(第一、二、三届)

厦门分别于2006年、2007年、2008年入选"中国青年喜爱的十大旅游目的地"。

3.中国最具国际竞争力旅游城市(2007年)

该称号由国际旅游促进会、亚太旅游联合会和中国营销学会在广西阳朔举办的第二届中国旅游营销年会上宣布。

4.中国休闲城市(2010年,2011年),2011年,获评单项奖——最浪漫休闲城市。

由中国旅游协会休闲度假分会联合网易旅游、去哪儿网、中国旅游休闲网共同主办,经过7个月的统计分析、网络评价和专家评议,最终评选出"中国休闲城市"。

2012年,厦门获评"中国最佳休闲城市"。2012年中国最佳休闲城市分别是:青岛、杭州、成都、烟台、宁波、秦皇岛、厦门、黄山、丽江、芜湖。

休闲之城厦门

中国旅游研究院院长戴斌认为:"最根本的休闲,我觉得是一种从容的心态,是一种民众的参与,是老百姓的生活方式。"

5.世界最美的20个城市之一(2014年)

2014年10月31日,全球首个"世界城市日"活动在上海正式启动。在"全球最美20个城市"的评选中,中国厦门与西班牙巴塞罗那、意大利威尼斯、澳大利亚墨尔本、法国巴黎、德国慕尼黑、巴西里约热内卢、加拿大魁北克、波兰克拉科夫、捷克布拉格、日本京都、南非开普敦、意大利罗马、奥地利维也纳、匈牙利布达佩斯、墨西哥圣米格尔德阿连德、英国爱丁堡、瑞士日内瓦、美国火奴鲁鲁、希腊雅典一起被评为"全球最美的20个城市",厦门成为中国唯一上榜的城市。

6. 中国旅游休闲示范城市（2017年）

2017年8月，厦门获得首批"中国旅游休闲示范城市"称号。中国旅游休闲示范城市是经国家旅游局认定，表彰在推进城市旅游升级转型较为成功、旅游公共服务设施完善、旅游市场秩序管理水平较高和旅游信誉度较高，能同时满足旅游者和本地居民旅游休闲需求，在全国具有典型示范意义的城市。首批中国旅游休闲示范城市名单包括：杭州、成都、大连、厦门、武汉、银川、宁波、苏州、无锡、珠海。

"城在海上，海在城中"，厦门是一座风姿绰约的"海上花园"，这里天风海涛，青山绿水，奇卉异木，鸟语花香，天地玄妙造化，构成了独特的自然地貌，飞扬着沁人的色香神韵。此次荣膺"中国旅游休闲示范城市"，是国家对厦门旅游业推动传统旅游产品升级和丰富新产品新业态，打造观光、休闲、度假复合发展的综合性休闲旅游目的地工作的肯定。

七、无偿献血城市

1999年和2005年厦门两度获得"全国无偿献血先进城市"称号。

2023年2月，厦门市再次荣获由国家卫生健康委、中国红十字总会、中央军委后勤保障部卫生局联合颁布的2020—2021年度"全国无偿献血先进市"荣誉称号，这是厦门市从1999年至今第九次获此殊荣。

八、文明城市

1.全国创建文明城市工作先进城市（1999年）

1999年，厦门被授予首批"全国创建文明城市工作先进城市"的荣誉称号，由此确定了"把市民呼声作为第一信号，真心实意地为市民办实事、办好事，以市民是否满意为首要标准"的创建思路，拉开了厦门文明创建的序幕。

2.全国文明城市（2005年、2009年、2011年三次名列全国第一名）

"全国文明城市"是我国城市的最高荣誉，是反映我国城市整体文明水平的综合性荣誉称号。评选"全国文明城市"的目的是提高居民的生活质量，不断提升居民的文明素质，促进城市文明的全面发展。2005年，厦门市、张家港市、青岛市、大连市、宁波市、深圳市、包头市、中山市、烟台市荣膺中央文明委颁发的首批"全国文明城市"称号。

2005年,时任厦门市市长张昌平(右一)代表厦门到北京领奖

2009年1月,厦门经复查确认继续保留"全国文明城市"荣誉称号。

2011年12月,厦门经复查确认继续保留"全国文明城市"荣誉称号。

2015年2月,厦门经复查确认继续保留"全国文明城市"荣誉称号。

2017年11月,厦门经复查确认继续保留"全国文明城市"荣誉称号。

2020年11月10日,中央文明办公布第六届全国文明城市名单和复查确认继续保留荣誉称号的前五届全国文明城市名单。厦门继续保留全国文明城市荣誉称号,并被通报表扬,实现了全国文明城市"六连冠"。

九、宜居城市

宜居城市建设是城市发展到后工业化阶段的产物,是指宜居性比较强的城市,是具有良好的居住和空间环境、人文社会环境、生态与自然环境和清洁高效的生产环境的居住地。1996年联合国第二次人居大会提出了城市应当是适宜居住的人类居住地的概念。此概念一经提出就在国际社会形成了广泛共识,成为21世纪新的城市观。

1.中国人居环境奖(2002年)

"中国人居环境奖"是全国人居环境建设领域的最高荣誉奖项。其目的是表彰在城乡建设和管理中坚持以人为本、全面协调可持续的科学发展观,树立正确的政绩观,不断加强城乡基础设施和生态环境建设,切实改善人居环境,努力构建资源节约、环境友好的社会主义和谐社会,为实现全面建设小康社会做出突出贡献的城市。

"中国人居环境奖"于2003年10月颁发,由时任厦门市副市长潘世建领奖(与青岛、三亚同时入选),建设部在上述三市中选择了厦门市参评"联合国人居奖"。

人居城市厦门

2.联合国人居奖(2004年)

"联合国人居奖"是当今世界一个有重要影响的奖项,是全球人居领域最高规格也是威望最高的奖励。其目的是表彰那些在住房供应、使无家可归者的困境得到重视,在战后重建中发挥领导作用,发展和改善人类住区以及城市居民的生活质量等诸如此类的领域做出了杰出贡献的城市。

厦门于2004年获得"联合国人居奖"。当时,联合国人居署对厦门的评价是:"厦门市政府让厦门市民在健康的环境中拥有舒适的家园。"

3.全国宜居城市(2007年榜首和2011年榜首)

2011年,由新浪网主办,全国30多万网友投票,厦门得票数超过总票数的三分之一。"一城如花半倚石,万点青山拥海来,地之南,海之滨,有城如斯,名厦门。"新浪在介绍厦门时如是表示:在游客眼中,这是一座温情、儒雅、恬静的城市,有人艳羡:"你们连地名都唯美烂漫得叫人嫉妒!"而在生活于其中的人们心中,这是一座怡然自得的幸福城市,日日居山海,每每怡情怀。

2021年2月,中国科学院在北京发布《中国宜居城市研究报告》显示,青岛、昆明、三亚、大连、威海、苏州、珠海、厦门、深圳、重庆宜居指数排名全国40个被调查城市前10名。厦门作为著名海滨城市,在此次榜单中名列第8名,实至名归。

湖景、海景、山景、城景构成了筼筜湖的人居美景

十、"全国双拥模范城"十连冠(2020年)

"拥军优属,拥政爱民"是"拥护人民军队,优待烈军属"和"拥护政府,热爱人民"的简称。它是中国共产党在领导武装斗争、创建人民军队、巩固人民政权的过程中,运用马克思主义原理,结合中国革命的特点创立和发展起来的一项带有全局性、战略性的社会政治工作。

"全国双拥模范城"是指双拥工作方面成绩突出的模范城市,是城市的一项荣誉。

2020年10月20日,"全国双拥模范城(县)命名暨双拥模范单位和个人表彰大会"在北京举行,厦门市再次荣膺"全国双拥模范城"称号,实现"十连冠"目标。

双拥模范城

第二章
厦门著名景点

第一节 鼓浪屿

一、概况

宋元时,鼓浪屿为无人定居岛屿,因其形状而被称为"圆洲仔"或"圆沙洲"。相传明代时,渔民避风于岛上,见岛上西南海隅有一巨石,因波浪撞击而发出有如擂鼓的声音,因而把这块石头称为"鼓浪石",岛屿因而得名为"鼓浪屿"。

鼓浪屿现为鼓浪屿-万石山景区管委会(副厅级单位)管辖,面积1.88平方公里,人口1.4万。百余年来,鼓浪屿逐渐形成了四大特色。

1. 海上花园

明代诗云:"一城如花半倚石,万点青山拥海来。"今日描述鼓浪屿为:"许多红色屋顶的房子掩映在绿树繁花中,就像是一艘彩色的巨轮停泊在万顷碧波之中。"

"海上花园"鼓浪屿

2.建筑博览城

鼓浪屿的建筑主要有两类：

(1)清代现存红砖民居。

(2)20世纪20、30年代华侨所建别墅。

鼓浪屿共有别墅1000多栋，其中号称"鼓浪屿十大别墅"的著名别墅包括：八卦楼、黄家花园、海天堂构、黄荣远堂、容谷别墅、林氏府、金瓜楼、番婆楼、杨家园、林屋。

鼓浪屿是中国乃至世界有"建筑博览"美誉的民国别墅小岛，海城一色的绝佳景致与四季长春的祥和气候是见过世面、眼光独具的各界要人首选的安家之地。所以自海上荒岛开埠以后，海外华侨华人回乡大兴土木，建的最多的就是具哥特式、巴洛克式等古典浪漫色彩的中西结合闽南别墅，以证明自己曾经踏足四海的所见所闻，以致最后造就了名播中外的"民国别墅群之岛"迄今斗艳生辉。厦门多年的现代化进展，仍无法与鼓浪屿真正"海上花园"的世界声誉匹敌，甚至你可以不知道厦门，却不可不知厦门将永远引以为傲的鼓浪屿，而鼓浪屿的内涵绝不仅仅是日光岩，而是日光岩庇护下掩映在绿叶花丛中、处处精心打造的异国洋楼家居。

八卦楼原主人是台湾板桥林家三房林鹤寿，建于1907年，圆顶高10米，有八道棱线置于八边形的平台上，顶窗呈四面八方二十四向，故称"八卦楼"，是厦门近代建筑的代表。

八卦楼

黄家花园由著名侨商黄奕住所建，由中楼、南楼与北楼组成。其规模之宏大、建筑之优美，超过鼓浪屿所有的别墅，号称"中国第一别墅"。

黄家花园

海天堂构是鼓浪屿上唯一按照中轴线对称布局的别墅建筑群,是菲律宾华侨黄秀琅购得租界洋人俱乐部原址所建。黄秀琅于1859年出生于晋江深沪,他后来到菲律宾去谋生,经过20多年的奋斗终于成为富商。1899年,黄秀琅回国后定居鼓浪屿。

黄荣远堂由菲律宾华侨施光从于1920年建造,是一幢地上三层、地下一层的花园别墅。施光从因与黄仲洲打赌输了,如约将别墅交给黄仲训,从此别墅易主,更名为黄荣远堂。而黄仲训也没有自己住进,而是转赠给弟弟黄仲平。

李清泉容谷别墅,坐落于鼓浪屿升旗山,假山、凉亭、曲径、石阶……中国园林的经典元素在榕谷的入口处就体现得淋漓尽致。拾级而上,拐弯处几株茂密的古榕,把入口处掩映得像山谷一样,很多人觉得"容谷"应该是"榕谷"笔误,但其实"容谷"有更深远的意义。李清泉别墅的庭园以人工造景为主,称得上是鼓浪屿人工造景的代表作。中西合璧的风格使得容谷别墅别有情致,园内曲径通幽、院落布局处处用心,各个角落周全点缀、秀美完整。假山亭榭,使别墅多了几分大自然的温馨。

李清泉容谷别墅

李清泉先生（1888年—1940年）是20世纪初直到太平洋战争爆发前夕活跃在菲律宾政治、经济舞台的杰出人物，被称为"菲律宾经济发展史上占有永久地位的人"，又是菲律宾华侨史上最有建树、声誉卓著的爱国华侨领袖。20世纪30年代，他领导华侨为抵制"西文簿记案"而斗争；同时为振兴中华四处呼吁，发起召开"闽侨救乡大会"，提倡实业救乡，致力于福建的开发和建设；抗战期间，他奋起领导侨胞支援祖国抗日战争，其事迹与陈嘉庚先生一样在海内外同胞中有口皆碑，为广大侨胞的光辉典范。

1940年10月27日李清泉去世，11月1日出殡，菲律宾政府按照给予一个功绩卓绝的伟人的礼仪，为李清泉先生举行隆重葬礼，并下半旗志哀。菲律宾人民以诚挚的感情来悼念这位杰出的人物，沿途人海如潮，宋庆龄、蒋介石夫妇，菲律宾总统奎松，美驻菲总督以及美国和菲律宾其他官员均发来唁电。李清泉先生高尚的爱国精神光照千秋，他一生的光辉业绩将永远激励着海外炎黄子孙。

鼓浪屿鹿礁路13号到15号有三幢别墅，一幢叫大楼，为1895年林维源所购买；一幢叫小楼，是林维源居鼓浪屿后所建；一幢叫八角楼，为1915年林尔嘉所建的巴洛克式五层别墅。这三幢别墅统称林氏府。

金瓜楼位于鼓浪屿泉州路99号，因楼顶有两个金瓜而得名。金瓜楼主人黄赐敏是龙海人，少年时赴菲律宾经商致富，1924年携资返乡，买下此楼，全家人搬来定居。

金瓜楼

番婆楼落成于1927年,是泉州晋江的菲律宾华侨许经权到鼓浪屿购地所建,用于供养母亲,以尽人子之孝。许母平时穿着儿子们送的衣衫,佩戴儿子们买的金银首饰,珠光宝气,俨然南洋富婆,街坊邻居称其为"番婆",她住的这幢别墅自然就被叫成"番婆楼"了。

1913年前后,在鼓浪屿笔架山的向阳坡面上,菲律宾华侨杨知母及其侄儿杨忠权建造了四幢欧式别墅,总称为"杨家园"。

林屋,约1923年,教会长老林振勋买下了这块废弃的纪念堂地皮,将房屋交由留学美国麻省理工学院的次子林全诚设计。

(3)外国人所建领事馆及公司、洋行。

协和礼拜堂,建于1863年,时称"国际礼拜堂",是鼓浪屿上最早的教堂。1911年,教堂进行翻建,改称"协和礼拜堂"(union church)。当时,这座教堂供外国人使用,一般中国人不得进入,只有少数精通英语、家世显赫的中国人才会受邀参加礼拜,因而教堂又被当地人称为"番仔礼拜堂"。

原美国领事馆

三一堂

天主堂,建于1917年,该建筑为典型的哥特式建筑,是厦门地区仅存的哥特式教堂,由西班牙建筑师设计。

鼓浪屿天主堂

汇丰银行公馆,1920年前后,汇丰银行在鼓浪屿笔架山东北端山崖顶建汇丰公馆作为银行行长的住所。该公馆的建筑基桩打入岩石,异常牢固。公馆结构呈丁字形,三面回廊,多边钝角,主人推窗便能饱览远山海景。

汇丰银行公馆

3.步行岛

鼓浪屿上有不成文规定,没有机动车(一辆消防车、一辆垃圾车除外),没有摩托车、自行车,只能步行。近年出现无污染的电瓶车,但只能在规定线路行走。

4.钢琴之岛

鼓浪屿上一度拥有钢琴600架,人均钢琴密度居全国之首。现有钢琴博物馆一座,有名贵古钢琴100多架,为胡友义先生所珍藏。岛上现有国家级交响乐团——厦门爱乐乐团。2002年鼓浪屿被中国音乐家协会命名为"音乐之岛"。岛上出过200多位音乐名家,其中最著名者:周淑安(中国第一个合唱女指挥)、陈佐湟(世界著名指挥家)、许斐平(世界著名钢琴家)、许兴艾(后起之秀)、殷承宗(著名钢琴家)、卓一龙(女,音乐家)、郑小瑛(新中国第一个交响乐女指挥)。

鼓浪屿音乐厅

二、菽庄花园

1.历史背景

菽庄花园的主人林尔嘉(1875—1951年),为清末台湾首富林维源之子。1894年中日甲午海战后,1895年清政府与日本签订《马关条约》,割台湾于日本,林维源举家内渡到鼓浪屿。后林尔嘉因思念故土而仿台北板桥别墅建菽庄。"菽庄"有两层含义:林尔嘉祖上到台湾靠垦殖发家致富,含稻菽主人的庄园之意;林尔嘉字叔臧,谐音命名。

2.景点地位

菽庄花园是鼓浪屿著名景点,为近代较早建于海边的私家园林,内有中国唯一一座世界一流的钢琴博物馆。

菽庄花园

3.线路

参观菽庄花园的建议路线为：菽庄大门→林尔嘉铜像→四十四桥→钢琴博物馆。

四十四桥上各亭台介绍。

菽庄花园三大特色介绍：巧借、藏海、动静结合。

扫一扫　　　　　　　扫一扫

四十四桥亭台介绍　　菽庄花园三大特色介绍

三、日光岩

1.历史背景

日光岩原为明代名士池显方"晃岩"遗址。明末清初郑成功在此建龙头山寨，操练士兵。民国初年黄仲训圈地建私家花园，现存有日光岩围墙、瞰青别墅、远尔亭、西林别墅等。

2.景点地位

日光岩是鼓浪屿上最著名的景点，有"不上日光岩，等于没到鼓浪屿"之说。

3.线路

游览日光岩的建议路线为:

日光岩大门→三幅石刻→郑成功纪念馆→百米高台。

(1)日光岩大门,"日光岩"三字为厦门已故著名书法家高怀所书。

(2)三幅题刻,分别为"鼓浪洞天""鹭江第一""天风海涛",其中"鼓浪洞天"为明代泉州府同知(相当于今泉州市委副书记、二把手)丁一中于明万历元年,即公元 1573 年所书,意为鼓浪屿是洞天福地,是神仙居住的地方;"鹭江第一"是清代道光年间进士林铖所题,意为日光岩是鹭江两岸第一山峰,风景绝佳;"天风海涛"位于三幅题刻的最上方,是民国福建巡按使(相当于今福建省委书记)许世英所题,意为此地上有浩浩之天风,下有泱泱之大海。

日光岩上的三幅摩崖石刻

(3)郑成功纪念馆,1962 年为纪念郑成功收复台湾 300 周年所建,馆名"郑成功纪念馆"是著名文豪郭沫若所题。

(4)百米高台,日光岩海拔 92.7 米,加上其顶峰所建高台,号称"百米高台"。

三幅石刻及日光岩寺,百米高台所见鼓浪屿四周风光描述。

扫一扫	扫一扫

百米高台所见风光介绍	三幅石刻及日光岩寺介绍

四、皓月园

1. 历史背景

皓月园是为纪念郑成功而修建的,取《二王集》中诗句"思君寝不寐,皓月透素帏"中的"皓月"来命名。

2. 景点地位

皓月园为鼓浪屿著名景点,郑成功石像是国内最大的历史人物石雕像之一。

3. 线路

游览皓月园的建议路线为:皓月园大门→《滕牌驱虏》青铜浮雕→石雕像。

郑成功历史功绩介绍、石雕像介绍。

郑成功雕像

扫一扫　　　　　扫一扫

郑成功历史功绩介绍　郑成功石雕像介绍

第二节　万南炮环

一、厦门园林植物园(万石植物园)

1.历史背景

(1)何谓植物园？

英文本意："研究植物学的园地。"园林专家俞树勋认为："植物园是搜集和栽培大量植物，供研究和游览的场所，所展示模拟的自然景观起到了改进环境和示范园林绿化的作用。"

当今，植物园已成为现代城市文明程度的标志。

(2)厦门园林植物园概述

厦门市园林植物园始建于1960年，坐落于厦门岛东南隅的万石山。全园占地4.93平方公里，是一个集植物物种保存、科学研究、科普教育、开发应用、生态保护、旅游服务等多功能于一体的综合性植物园。

现已从世界各地引种栽培保育植物8600多种(含品种和种以下分类单位)，建成棕榈植物区、多肉植物区、裸子植物区、奇趣植物区、姜目植物区、雨林世界等十几个专类园区，拥有国内目前规模最大的室外多肉植物展示区，是全国科普教育基地、中国生物多样性保护示范基地、全国野生动植物保护及自然保护区建设工程——棕榈植物保育中心。

2.景区地位

厦门园林植物园是福建省第一个植物园，国家首批AAAA级风景名胜区，与鼓浪屿合在一起为"国家重点风景名胜区"。园内山峦起伏、奇岩趣石遍布，荟萃"万石涵翠""太平石笑""天界晓钟""万笏朝天"等厦门名景；坐拥天界寺、万石莲寺、太平岩寺等名刹古寺。

3.线路安排

游览植物园的建议路线为：大门→万石湖→松杉园→竹径→蔷薇园→万石莲寺→中岩→太平石笑→新碑林→百花厅→棕榈岛→天界晓钟→南洋杉草坪→邓小平树。

(1)大门。进植物园大门，可见到茅盾先生手书的"厦门园林植物园"七个大字。

厦门园林植物园大门

(2)万石湖。园中的万石湖,是1952年10月建成的水库,蓄水15万立方米。当时是为防止山地泥沙冲入市区,并作战备水源而建,经过多年的修饰和建设,现在已成为十分秀美的平湖,是植物园西半园专类园和景观的核心。

万石涵翠

(3)松杉园。园内种植的松、杉、柏、桧等七八十种,其中最引人注目的有古代子遗植物——水杉、银杏,这是200万年前冰川年代遗留下来的稀贵的树种,被人们称为"活化石"。此外,还有世界三大观赏树,即中国金钱松、日本金松、南洋杉。

金钱松:落叶乔木,树高可达40米,胸径达1.5米,树干通直,是我国特产树种,国家二级保护植物。

日本金松:原产日本,是名贵的观赏树种,又是著名的防火树种。日本常于防火道旁列植为防火林带。

南洋杉：常绿大乔木，树姿优美雄伟。

（4）竹径（竹类植物区）。竹径位于万石湖北侧步行道，始建于1960年。竹种布局结合传统的造园手法，高低错落、曲直有致，沿路旁列植。竹子是我国传统的园林绿化植物，并被视为美德的象征，苏东坡有诗云"宁可食无肉，不可居无竹"。竹林苍翠，湖光竹影，仿若仙境。

（5）蔷薇园。

（6）万石莲寺。万石莲寺，环境优雅，现任住持为法源法师。

（7）中岩。原有"中岩玉笏"景观，为旧时厦门"小八景"之一，风景秀丽。中岩旁有澎湖将士阵亡墓。清康熙22年即公元1683年，施琅率领清军与台湾郑克塽手下大将刘国轩的军队在澎湖大战，取得大胜。1704年，时任福建水师提督蓝理在此建祠立碑奉祀纪念死于澎湖战役的清军将士。

澎湖阵亡将士之墓

（8）太平石笑。临近寺前，但见巨石相叠，上面二石一端黏合，一端敞开，状如笑口，即为"太平石笑"。为厦门旧时小八景之一。

太平石笑

诗一首:"忽见石开口,不闻石有声。夜因吞月色,朝为吐云情。饮露千年饱,餐风一味清。太平真好景,长笑息征兵。"背后对联一副:"石为迎宾开口笑,山能作主乐天成"。

笑石前有刻在巨石上的一首词云:"石不能言笑开口,读书深处有莓台。草鸡莫问当年事,鲲海骑鲸去不回。"题款"游太平岩经先世延平郡王读书处",落款"台阳郑鹏云"。其中,草鸡、鲸指郑成功,台阳是今台湾新竹,郑鹏云是清末台湾知名文人。

(9)新碑林。新碑林位于万石岩前的岩石中,占地5000平方米,有100幅书法作品,包括诗、词、联文,大都是描摹景色和抒情的佳作。

(10)百花厅。百花厅建于1979年,作为名花展览馆,连同温室、苗圃等引种驯化区,形成植物园里一组新的建筑群,一处独具风格的游览点。百花厅面积1000多平方米,共有五个展览厅,还有回廊、曲桥、水榭串联其间,环绕着面积1100平方米的椭圆形荷花池。

(11)棕榈岛。棕榈岛位于万石湖上方,因种棕榈而命名,也称棕榈岛。此处有六七十种外来乔木,包括"林中美人"柠檬桉、鱼尾葵、蒲葵、意大利棕、西印度箬棕、大王椰子、"世界油王"油棕、印尼糖棕等,这些棕榈不仅能美化环境、供人观赏,而且其中不少具有很高的经济价值。

柠檬桉,每年春夏之交脱皮一次,因而长得皮肤细腻白嫩,亭亭玉立,宛如林中仙女,故又被称为"林中仙女树"。

(12)天界晓钟。过去,每天清晨按例撞钟108下,"醒人尘梦",故有"天界晓钟"之称,此乃旧时厦门小八景之一。

(13)南洋杉草坪。

(14)邓小平树。1984年2月10日,邓小平亲手种植大叶樟。

重点

万石涵翠、天界晓钟、太平石笑。

扫一扫	扫一扫	扫一扫
万石涵翠介绍	天界晓钟介绍	太平石笑介绍

二、南普陀

1.历史背景

南普陀寺是厦门著名古刹,居于鹭岛名山五老峰前,背依秀奇群峰,面临碧澄海港,风景绝佳。五代宋初,即有高僧依山结庐梵修。明季扩建殿堂,规模粗具,清初施琅重修,建主祀观音之大悲殿,因观音道场在浙江普陀山,而该寺在其南,故称南普陀。

南普陀出名原因:

(1)闽南人普遍信佛。

(2)厦门是清朝以来福建人出洋之重要口岸,清朝以来,福建人因生活所迫出洋谋生,大都从厦门口岸出去。在出国前,人人心中都难免忐忑不安,便到当地最大的寺庙南普陀来烧香许愿,南普陀也逐渐扬名至东南亚各国。

(3)十方丛林选贤制使南普陀焕发生机。

转逢和尚(1879—1952年),俗姓王,福建省南安县四都人。1920年,转逢和尚返闽,主持南普陀寺,修葺梵宇,重整清规。1924年,他效仿天童寺选贤制度,化私为公,决定将南普陀寺由临济宗一脉单传的子孙制度,改变为十方丛林选贤制度,推会泉为首任方丈。

(4)近代高僧大德辈出。

会泉、太虚、弘一、虚云、圆瑛诸大师,均曾来寺传经弘教等。

(5)闽南佛学院为南普陀注入生机。

闽南佛学院于1925年由转逢与会泉共同创立,由会泉任首任院长,为国内较早的高等佛学院。最佳发展时期是1928—1934年太虚任院长时。1937年因抗日战争爆发而停办。当代一些著名的佛教泰斗,如台湾的印顺导师、菲律宾的瑞今大师,已故新加坡宏船长老、广洽老和尚、演培大师、马来西亚的竺摩法师等,都出自闽南佛学院。

1985年,在已故的中国佛教协会赵朴初会长的亲切关怀和新加坡宏船长老的热心支持下,在悲愿深切的已故院长妙湛老法师的操劳奔波和厦门市宗教处(当时尚未成立宗教局)及市佛教协会的大力支持下,经厦门市人民政府批准,闽南佛学院得以复办。课程设置本着继承传统,以培养弘传人间佛教合格僧才为方针,"八宗并重(禅宗、净土宗、天台宗、华严宗、法相宗、律宗、三论宗、密宗),五明兼顾(因明、语明、医明、工巧明、内明)",目前已发展成"国内最具规模,师资力量雄厚,学僧人数较多,硬件和软件最好的一所佛教院校"。现已成为国内为数不多的可招收外国留学生的宗教院校。

学院院训:"悲智"。释意:有悲无智,是曰凡夫,悲智具足,乃名菩萨。

现任闽南佛学院院长为则悟大和尚。

南普陀现任方丈则悟大和尚,是厦门佛教协会会长。

南普陀有慈善基金会,是已故前任方丈妙湛老和尚创建的,为厦门、福建及至全国的慈善事业做出了自己独特的贡献。

2.景点地位

厦门著名景点,全国重点佛教寺庙。

南普陀寺全貌

3.参观线路

南普陀寺建议参观路线为:山门→天王殿→大雄宝殿→大悲殿→藏经阁→大"佛"字。

(1)山门。厦大教授虞愚题联:"喜瞻佛刹连广舍,饱听天风拍海涛。"

(2)天王殿。天王殿屹立于寺院中轴线最前端,歇山式重檐飞脊,轩昂宏伟。殿前为入寺正中大门,两只威武的大石狮雄踞门廊东西两侧。跨门进殿,两侧四大天王怒目环视。正中弥勒菩萨坦腹露胸,常开笑口,给人以欢喜信受的美感,殿后韦陀菩萨覆掌按杵而立,威武异常。

(3)钟鼓楼。

(4)大雄宝殿。主殿正中供奉三世尊佛高大塑像。殿后供奉西方三圣(阿弥陀佛、观音菩萨、大势至菩萨)。大殿是寺院僧众早晚课诵和法会朝拜参修的殿堂,也是佛门钟磬长鸣、法灯不灭的心脏。大雄宝殿石柱上有副对联:"经始溯唐朝与开元而并古,普光被夏岛对太武以增辉。"这副对联将寺庙开基的年代和地理位置说得清清楚楚,那就是说寺庙在唐朝就有了。

(5)大悲殿。大悲殿是寺院的另一主殿,奉千手观音。清初施琅始建,称大悲阁,为南普陀改称之由来。主殿呈八角形三重飞檐,中间藻井由斗拱层层叠架而成,造型巧妙,结构严密,俗称蜘蛛结网。闽南信众崇奉观音菩萨,香火鼎盛。

(6)藏经阁。藏经阁位于中轴主体建筑最高层,歇山重檐式双层楼阁。上层藏经,下层法堂。阁楼上下层,三面台廊回护,圈以白石雕栏,倚栏前望,三殿巍峨尽收眼底。仰首后顾,层峰叠翠,垂手可攀。

(7)大"佛"字。清光绪己巳年,即公元1905年由振慧和尚所书。

大"佛"字

(8)普照寺。明洪武十八年(1385年),断臂和尚觉光在无尽岩下拓建普照寺,是今天南普陀的发祥地。

(9)普照楼素菜。南普陀寺的素食珍肴,以其清纯素雅的独特风味驰名中外。餐馆名厨调制菜肴,严守素菜素料素作的工艺,特别是革除向来素菜仿制荤腥命名的流弊,坚持素菜素名而独树一帜。当代诗人郭沫若题名的"半月沉江"和赵朴初居士赐号的"丝雨菇云",更是形名雅合,香味相宜,耐人品赏吟味,雅趣无穷,为文人雅士共赞赏。

1962年,郭沫若先生品尝素菜后题诗"我自舟山来,普陀又普陀,天然林壑好,深憾题名多。半月沉江底,千峰入眼窝,三杯通大道,五老意如何。"点出了"半月沉江"这道名菜。

1981年春,中国佛教协会会长赵朴初先生品尝后连连称好,随即命名为"丝雨菇云"。

"香泥藏珍"是邓小平同志1984年来厦视察期间最为赞赏的一道菜。

重点

佛教知识,教化众生。

三、胡里山炮台

1.历史背景

清朝末年,鸦片战争前,厦门港炮台共有红夷大炮600尊,以石壁炮台最为坚固。1841年8月英军入侵厦门,炮台被毁。那场战争,可谓是战争形态的"隔代碰撞"。红夷大炮是明代后期从英国传入中国的前装滑膛加农炮。进入中国的二百多年时间里,清朝虽然进行了大量的仿制,但从整体上说,清朝对红夷大炮没有进行过任何技术革新,甚至在技术上还有失传,只是一味加大重量,以求增加射程,火炮的制造工艺远远落后于西方。

1894—1896年,胡里山炮台重建,由福建水师提督杨岐珍督办,德国人汉纳根设计。现存炮台总面积6.16万平方米,其中城堡面积1.3万多平方米。当时从德国购克虏伯大炮(28生)两门,副炮两门(15生)。

2.景点地位

胡里山炮台素有"八闽门户、天南锁钥"之称,是兵家必争之地。现为全国重点文物保护单位,现存有世界上最大的古海岸炮,是国家AAAA级风景名胜区。

3.线路安排

胡里山炮台建议游览路线为:榕林古道→后山区→兵营区→炮台区→克虏伯大炮。

胡里山炮台内共有28生主炮:为1893年(清光绪十九年)生产;15生副炮:为1881年(清光绪七年)生产。现存克虏伯大炮全炮重量:87123kg(不含缺损件),大炮体积:大炮总长度为13.13米;高4.6米;宽5.29米。大炮口径:28生;即280毫米(15生即150毫米),大炮膛线84条。

重点

克虏伯大炮入选吉尼斯世界纪录大全,是"世界最大海岸炮"。克虏伯大炮的优势:后膛开发炮;可连续发射,平均每分钟可发射1~2发炮弹;有84条膛线,增加发射的速度和力量;可360度旋转;威力巨大,射程远,历史上曾经击沉击伤日军军舰各一艘。

胡里山炮台克虏伯大炮

四、东环望海

东部环岛路起自厦大白城,经曾厝垵、黄厝、前埔,到达何厝香山,全长 12.76 公里,是展示厦门的新景观。环岛路宽 60 米,双向 6 车道,为城市一级次干道。除机动车道外,人行道有 6～8 米,绿化带宽 80～100 米,海岸自然景观、人工绿带、环岛路构成了人与自然和谐共生的景观带。

环岛路的两大显著特点是:(1)环岛路依海而筑,路面平,曲线随海岸线延展,临海见海,绿化带、沙滩、岛礁、海景得到充分展示;(2)环岛路与沿线的景点相结合。

世界上最美丽的马拉松跑道——厦门东部环岛路

其中从演武路至白城段的环岛路,与岸同高,是一条呈 S 形的流线型路段,总长 1.2 公里,桥长超过 1 公里,如长龙凌波卧海,腾空而起。有趣的是，桥梁造型为鱼腹式，桥墩为椭圆形，形成美丽的观海长廊，人们可以从不同角度、不同层次、不同侧面观赏海岸、沙滩、海浪等景色。

S形路段

绵延数公里的环岛路木栈道是厦门一道亮丽的风景线。

胡里山炮台旁边的环岛路隔离带上，雕塑着一些音乐五线谱，它就是著名的歌曲《鼓浪屿之波》的乐谱。该乐谱雕塑长 247.59 米，兼具艺术特色和地域特征，成为环岛路上的主要景点，2000 年 11 月被列为吉尼斯世界之最，成为世界上最长的五线谱音乐雕塑。

最长的五线谱音乐雕塑《鼓浪屿之波》

国际会展中心位于前埔临海环岛路内侧，占地 47 万平方米，主体建筑如欲腾飞的大鹏、起航的巨轮，是厦门 21 世纪再创辉煌的新标志。厦门国际会议中心是具有国际水准的高档会议场馆，毗邻厦门国际会展中心，总建筑面积 14 万平方米，由会议中心、五星级休闲度假酒店、音乐厅三部分组成。

厦门国际会议中心

第三节　集美陈嘉庚纪念胜地

一、历史背景

鹭江晃岩，永瞻念，千古侨魂英物。

碧海蓝天，翔鸥燕，妆点天然画壁。

莘莘学子，"诚毅"训教，书声润如雪。

集美黉宇，造就多少人杰。

嘉庚故园当年，凄风苦雨，愚拙糜开发。

漂洋谋生，走天涯，"启智"赤心不灭。

倾资办学，情爱献炎黄，拼了白发。

华侨旗帜，长昭五洲日月。

集美大学教师陈学新的一首《念奴娇》将陈嘉庚纪念胜地的背景介绍得清清楚楚，一切源自爱国华侨领袖陈嘉庚先生，正是他的倾资兴学，才有集美辉煌的今天，才有今天的陈嘉庚纪念胜地。

二、景点地位

集美陈嘉庚纪念胜地为国家AAAA级风景名胜区，其中鳌园为全国重点文物保护单位、全国百个爱国主义教育示范基地。

鳌园全景

三、线路安排

集美陈嘉庚纪念胜地建议参观线路为：陈嘉庚故居→事迹陈列馆→归来堂→归来园→龙舟池→游泳池（上方为延平故垒）→嘉庚公园→鳌园：大门、长廊、纪念碑、陵墓。

1.陈嘉庚故居

集美学村的高楼大厦遍布各个角落，雄伟壮丽，而陈嘉庚先生的故居却平凡质朴。1918年6月，位于集美学村的中心，当今"道南楼"的北面，陈嘉庚的居宅建成了。先生便住在这里筹划厦门大学的创建和集美学村的扩展工作。

1938年，先生居宅毁于日机的烧夷弹，仅存残垣断壁。可是先生所关心的是集美学校的修复与扩建，从来没有同意先抢修他的居宅。直到1955年，校舍全部修竣后，才由人民政府拨款将先生的居宅修复。之后他又居住在这里，一直到病重赴京治疗才离开。

2.生平事迹陈列馆

陈嘉庚先生生平事迹陈列馆位于陈嘉庚先生故居西南侧，建于1983年，为三层楼房，面积700多平方米。该馆以图片、文字为主，并配有部分实物，较为详尽地展示了陈嘉庚先生一生经办实业、办教育、参加政治活动和身后哀荣等情况。

陈列馆一楼的"经商南洋，情深乡国"主要介绍陈嘉庚先生的家世以及经办实业的兴衰情况；二楼的"倾资兴学，百折不挠"主要阐述了陈嘉庚先生以教育为本，实施救国兴学的宏伟战略；三楼的"赤诚爱国，鞠躬尽瘁"着重展示陈嘉庚先生参加、支持孙中山辛亥革命、祖国抗日救亡运动及回国参政议政、参加社会主义建设等重大社会活动。

3. 归来堂

陈嘉庚先生生前有个志愿：为了召唤海外亲人不忘故乡、热爱祖国，归来有个聚会的地方，想在故居前面建一座"归来堂"，后周总理按其遗愿指示有关部门修建，并于1962年完工。

归来堂主体是富有民族特色的宫殿式大厅堂，厢房则有供海外亲人归来住宿用的成套饮食起居设备。

4. 归来园

1983年，为纪念陈嘉庚先生创办集美学校70周年而建的归来园，是一个占地14亩的花园，花园内竖有陈嘉庚先生铜制立像，铜像约1吨重，高2.3米，基座高2.6米。

5. 龙舟池

每年端午节，龙舟池这里都会举办国际龙舟邀请赛，并举办"抓鸭子"等厦门民俗活动。

6. 延平故垒

延平故垒即集美寨遗址。集美寨，位于集美镇东南侧海边上，系民族英雄郑成功雄踞厦门时期所兴建，明永历十四年（公元1660年）建，为屯防营寨，今仅存石寨门及两侧石墙。寨门高3.08米、宽1.68米、厚0.65米，寨门后东北侧有两块岩石，石旁有一尊旧铁炮，一岩石上勒刻隶书"延平故垒"四个字，落款"民国年间"。寨后西北侧有一棵古榕树，枝叶茂密，覆盖寨门，形成一古色盎然的自然景观，耐人观赏。

南薰楼建于1957年，呈"Y"字形，由一座15层的主楼和两座6层的副楼组成。"南风之薰兮，可以解吾民之愠兮"，源自《诗经·南风歌》的"南薰楼"，寄寓着嘉庚"教育立国，科学兴国"的理想。

7. 嘉庚公园

嘉庚公园建于1994年，占地3万平方米，总投资1200万人民币，位于鳌园北侧，是陈嘉庚建筑风格的重要组成部分，按照传统园林自由布局的形式，将公园的娱乐性、纪念性和文化融为一体，与鳌园景观相得益彰、协调统一。

公园西侧正中有大型人物群雕《桃李芬芳》，展示了陈嘉庚先生创办教育、百年树人、人才济济、桃李满天下的兴旺景象。遍布公园的地毯式草坪、市树和市花，把公园装扮得格外美丽，令游客流连忘返。

8. 陈嘉庚纪念馆

陈嘉庚纪念馆位于嘉庚公园北门以东填海处，总占地面积104484平方米，建筑面积11000.5平方米。主体建筑三层，一层包括行政办公区、文物库房区、图书资料室、报告厅及1000平方米的临时展厅，二、三层由一个360平方米的序厅和四个780平方米的陈列厅组成，面积约3080平方米。建筑主体秉承独具特色的闽南建筑风格，与集美鳌园、嘉庚公园和谐统一、交相辉映，构成一个较为完整的旅游纪念胜地。该馆于2008年10月21日开馆，属社会历史类名人纪念馆，将成为陈嘉庚文物资料的主要收藏机构、陈嘉庚精神的宣传教育机构和科学研究机构，充分发挥博物馆的社会教育功能和作用，使之成为人民喜闻乐见的爱国主义教育基地、终身教育课堂和文化休闲设施，为构建和谐社会服务，为推进厦门经济建设和社会发展服务。

9. 鳌园

位于集美东南海边的鳌园原为一座小岛，形似海龟，故名鳌园。1950年，爱国侨领陈嘉庚先生回国定居时，将这一岛屿扩填成园，于1961年完工，历时十年，占地近九千平方米。园中共有650多幅精雕细刻、栩栩如生的青石雕，是闽南石文化的主要代表作。

（1）大门。鳌园大门为宫殿式大门，门楣上刻有"增产""节约"字样，门框上有一副对联："鳌载定教山尽峙，园居宁与世相忘"，把鳌、园二字嵌到联首，同时表达了园主人寄情山水、淡泊名利的思想。

（2）长廊。50米长的长廊两侧，雕有鳌园最精华的青石雕刻，其中左侧正中间有一组雕刻为"诸葛亮马前课"，讲述的是三国时的著名丞相诸葛亮在一次出征前对后世所做的一次占卜和预测的一本书，此书后被陈嘉庚所收藏，依书中所言，在此处列出24句话，分别为："四门乍辟　突如其来；晨鸡一声　其道大衰；拯患救难　是唯圣人；阳复而治　晦极生明；占得此课　易数乃终；前古后今　其道无穷。"

（3）纪念碑。纪念碑采用大琉璃屋盖，属于中西合璧式建筑，通高28.4米，正面有毛泽东亲笔题写的"集美解放纪念碑"七个龙飞凤舞的大字。当时，毛泽东主席应陈嘉庚先生邀请回复的书信如下：

陈委员：

　　惠书早已收到，迟复为歉！尊嘱写了集美解放纪念碑七字未知合用否？先生近日身体如何，时以为念！

顺致敬意

毛泽东
一九五二年五月十六日

(4)陈嘉庚墓。1961年8月12日,陈嘉庚先生在北京病逝。8月15日,其遗体乘专列从北京出发,8月20日下午3点运抵集美,下午6点,由当时福建省委书记林一心主持隆重的国葬仪式。从此,他就长眠在生他养他的故乡,与集美师生的读书声、与集美的海涛声为伴。

重点

1. 陈嘉庚生平介绍。
2. 鳌园。

扫一扫

陈嘉庚生平介绍

第四节　厦门大学

一、简介

厦门大学(Xiamen University),简称厦大(XMU),由著名爱国华侨领袖陈嘉庚先生于1921年创办,是中国近代教育史上第一所由华侨创办的大学。在厦门大学建校100周年之际,中共中央总书记、国家主席、中央军委主席习近平向学校发来贺信。贺信指出,厦门大学是一所具有光荣传统的大学。100年来,厦门大学秉持爱国华侨领袖陈嘉庚先生的立校志向,形成了"爱国、革命、自强、科学"的优良校风,打造了鲜明的办学特色,培养了大批优秀人才,为国家富强、人民幸福和中华文化海外传播作出了积极贡献。

厦门大学建有思明校区、漳州校区、翔安校区和马来西亚分校,设有研究生院、6个学部以及34个学院(直属系、直属中心)和17个研究院,形成了覆盖哲学、经济学、法学、教育学、文学、历史学、理学、工学、医学、管理学、艺术学、交叉学科12个学科门类的学科体系。设有32个博士后流动站。2022年，厦门大学入选国家公布的第二轮"双一流"建设高校名单，化学、生物学、海洋科学、生态学、统计学、教育学共6个学科入选第二轮"双一流"建设学科名单。

厦门大学现有专任教师近3000人，其中，教授、副教授占比75.1%。共有两院院士33人（含双聘19人），发展中国家科学院院士4人，中国医学科学院学部委员2人。

厦门大学现有在校学生45000余人，其中本科生21000余人、硕士研究生19000余人、博士研究生5000余人。学校内部质量保障体系入选联合国教科文组织"高等教育内部质量保障优秀原则和创新实践研究典型案例"，学校是中国也是东亚地区唯一入选高校。

厦门大学对外交流与合作深入开展，已与境外263所高校签署了校际合作协议，与53所世界知名高校开展实质性交流合作。2014年7月，厦门大学马来西亚分校奠基，成为中国首个在海外建设独立校园的大学，被中央媒体誉为镶嵌在"一带一路"上的一颗明珠；已开设22个本科专业、9个硕士专业、5个博士专业，在校生6800余人、教职员工500余人，生源主要来自"一带一路"沿线的38个国家和地区。

面向新百年，厦门大学坚持以习近平总书记重要贺信精神领航，在全面建成世界知名高水平研究型大学的基础上，全力奋进第二个百年目标，建成具有厦大风格的中国特色世界一流大学。到2035年跻身世界一流大学行列；到21世纪中叶，即到新中国成立百年之际，跃居世界一流大学前列。（以上数据截至2023年4月6日）

美丽的厦门大学校园

二、校训、校徽

1.校训

厦门大学校训是：自强不息，止于至善。

2.校徽

厦门大学校徽

厦门大学校徽图案是陈嘉庚先生创办厦门大学时确定的，沿用至今。该校徽有其特定的内涵：(1)外圆圈内上方是繁体字"厦门大学"，下方是拉丁语的"厦门大学"；(2)内圆圈内的三颗五角星图案代表我国传统哲学中之"三才"，即所称天然中之精神的、宇宙的、人类的三大元素；(3)内圆圈的城及城门图案为厦门之表记(大厦之门)，并指学府门户大开；(4)内圆圈的"止于至善"四字为本大学进行之目标，也就是陈嘉庚先生当年确立的厦门大学校训。

三、历史沿革

1.筹办阶段(1919—1921年)

1919年8月，在上海聘任全国教育界名流蔡元培、黄炎培、汪精卫、余日章、郭秉文、胡敦复、黄琬、叶渊、邓萃英等10人为筹备员。1919年10月召开私立厦门大学筹备委员会第一次会议，拟订《厦门大学组织大纲》，会议推举邓萃英为厦门大学首任校长、郑贞文为教务长、何公敢为总务长。

1921年4月6日，私立厦门大学借集美学校举行开学仪式，中国第一所由海外华侨举办的大学宣告成立。

初创时，学校设有师范、商学两部，师范部下分文、理两科，学制预科两年、本科四年。

2.私立与初创阶段(1921—1936年)

在该阶段，厦门大学由林文庆任校长。在林文庆校长掌校期间，初步建成多学科的综合性大学。至1930年6月,全校共设5学院、21学系。学校在林文庆校长的主持下,以"自强不息,止于至善"为校训,致力于行政与学科建设,重金礼聘知名教授学者,一时群贤毕至、名流云集,包括:

文学家、国学大师:沈兼士、林语堂、鲁迅;

哲学家:张颐(1927年11月—1929年7月任副校长);

语文学家:台静农、陈衍;

物理学家:胡刚复;

法学家:黄开宗、区兆荣;

政治学家:王世富、丁作韶;

会计学家:郑世禄、陈德恒;

银行学家:冯定璋、朱保训。

3.国立与抗战迁汀(1937—1945年)

1937年7月1日,经陈嘉庚函请,南京国民政府同意将私立厦门大学改为国立。

1937年7月6日,著名物理学家、清华大学教授萨本栋博士任厦门大学校长。1937年7月7日,抗日战争爆发,为保证教学不致中断,厦门大学经教育部批准迁往闽西山城长汀。1938年1月17日,学校在长汀复课,当时在校生数仅为198人。

在长汀办学八年中,学校延聘许多良师学者。1940年8月至1941年国民政府教育部举行首届和第二届全国大学生学业竞试,厦门大学均名列第一,蝉联冠军。国民政府教育部全国通令嘉奖,厦大由此被誉为"南方之强"。当时的国民政府教育部称之为"东南最高学府""国内最完备大学之一"。厦门大学在长汀办学期间成绩卓著,获得当时社会各界的一致赞扬。

4.复员厦门(1945—1949年)

1945年9月19日,国民政府行政院任命汪德耀博士为国立厦门大学校长。1946年4月6日,汪德耀校长发表《25周年校庆致校友书》,提出"兼容并包"及"学术思想自由"的办学主张,表明厦大的办学已具有开放性的特征。

5.建设新厦大(1950—1966年)

1950年5月,中央人民政府任命经济学家王亚南教授为厦门大学校长。王亚南校长学术造诣深厚、知识渊博,是传播马克思主义、翻译《资本论》的第一人,被誉为"懂得人的价值"的教育家。著名数学家陈景润当年就是他发现并加以关心培养的。

1958年7月,厦门大学下放归福建省管理。

1963年9月,经中央批准,厦门大学改为直属教育部的全国重点综合性大学。

6.谋求发展(1966—1976年)

1969年12月6日,教育部军管组等四单位通知,将厦大下放福建省管理。1976年10月,"四人帮"垮台,宣告"文化大革命"历史结束。同时,厦大也翻开厦门大学历史的新一页,厦大人也开始谱写新的历史篇章。

7.改革开放,重振雄风(1977年至今)

1977年曾鸣同志被任命为中共厦门大学委员会书记,而后兼任校长。1978年2月,厦门大学恢复为教育部部属全国重点大学。改革开放后历任校长为:

曾　鸣	1978年04月—1982年02月	福建省人大常委会副主任
田昭武	1982年02月—1989年09月	中科院院士
林祖赓	1990年07月—1999年04月	教　授
陈传鸿	1999年04月—2003年05月	教　授
朱崇实	2003年05月—2017年07月	教　授
张荣	2017年07月—2022年03月	教　授
张宗益	2022年03月至今	教　授

1996年,厦门大学成为首批获教育部批准建立研究生院的33所高校之一。1997年4月,厦门大学"211工程"通过教育部组织的专家审定立项建设,有8个学科项目被列为"九五"期间重点建设项目。2001年2月,被列入国家"985工程"一期重点建设高校之一。2005年11月,在教育组织的高校本科教学评估中,厦门大学本科教学取得"优"的评价。

拓展训练

今日厦大风云人物

1.易中天,1947年生,湖南长沙人,1981年毕业于武汉大学,获文学硕士学位,退休前为厦大知名教授,以《易中天品三国》闻名天下。

2.赵玉芬,台湾籍中科院院士。1971年毕业于台湾"清华大学",1975年博士毕业于美国纽约州立大学石溪分校;美国纽约大学化学系,从事核酸化学研究(1977—1979年);中国科学院化学研究所副教授、教授(1979—1988年);清华大学化学系教授(1988年年);清华大学生命有机磷化学及化学生物学教育部重点实验室主任(1993—2004年);清华大学生命科学与工程研究院副院长(1994—2004年);厦门大学化学系教授(2000—2017年)。

作为全国政协委员,赵玉芬发起2007年1号提案,阻止海沧PX项目的开工上马,从而引起公众对此事的高度关注,并引发厦门市民游行,最终使政府倾听了民意,将PX项目从海沧迁往漳州古雷半岛。

3.潘威廉,美国人,在厦门当地,大家亲切地称他为"老潘"。他不仅是第一个定居厦门的外国人、福建省第一位外籍永久居民,他还是中国高校最早引进的MBA课程的外籍教师之一。对于潘威廉来说,帮助中国城市在世界上取得大奖,是他向世界介绍中国的方式之一。其所撰写的英文版《魅力厦门》风靡一时,后被译为中文。此后,他陆续撰写的《魅力福建》《魅力厦大》《魅力鼓浪屿》《魅力泉州》等书。

四、校园风景

厦门大学西校门

建南楼群

第五节 金门

一、金门概况

金门，古称浯洲，至明代江夏候周德兴经略福建沿海，取"固若金汤，雄镇海门"之意而得名"金门"。1915年从福建省思明县分出独立设县，辖大金门、烈屿、大嶝、小嶝等岛屿（现大嶝、小嶝归翔安区管辖）。金门县面积150平方公里，现为台湾实质管辖。

二、金门古宁头战役

（一）我军背景介绍

1949年，中国人民解放军第三野战军司令陈毅，副司令粟裕，下辖第7、8、9、10兵团和特种兵纵队。其中，第10兵团司令叶飞，政委韦国清，下辖28、29、31军，总兵力10万人。1949年10兵团渡过长江后，时年35岁的叶飞受命率师入闽。当年8月17日解放福州。

叶飞（1914—1999年），福建南安人，出生于菲律宾，5岁时其父送其回国，后在国内成长，逐渐成为解放军中的一名猛将、福将，一生足智多谋，人称"小叶挺"。

第10兵团在解放泉州及整个闽南后，在泉州召开攻打金厦作战会议。当时提出三个作战方案，分别为"金厦并举""先金后厦""先厦后金"，最后，迫于船只太少，采用"先厦（29、31军）后金（28军）"，即由29军和31军共同攻打敌人重兵把守的厦门岛，由28军负责主攻金门。

当年10月17日厦门全岛解放。一个星期后，即10月24日晚发动攻金战役，共有6个团2万人左右参战。第一梯队共3个团9000人，乘300多条木船前往金门。

（二）金门国民党守军背景介绍

李良荣，率22兵团驻守金门，总兵力约2万人，战斗力不强。

胡琏，黄埔第四期毕业生（与林彪同期）。淮海战役时，任12兵团副司令，在解放军重围中奇迹般冲出后，蒋介石委任他为司令，整顿后，其12兵团成为战斗力较强之部队。

厦门失守后，蒋令胡琏增援金门，任金防部司令兼福建省主席。解放军发起攻击前后，胡琏部队同时在金门南面登陆，金门原有的2万守军增加至4万多人。

战前,国民党军已经做了充分的布置和演习,还在沙滩上埋了地雷。

(三)战斗经过

10月25日凌晨一点多,睡眼惺忪的国民党军排长卡立乾午夜查哨,无意中踩到地雷,从而惊醒所有人,探照灯亮起,看到了海面上解放军的帆船。战争打响,解放军船队被打乱,立即由奇袭改为强攻,上岸后进行了激烈的战斗,一度还推进到金门县城。但解放军发生了两个致命错误:(1)没有建立稳固的滩头阵地;(2)在大潮时到达金门,没有及时让船只返航到大嶝、莲河去运载第二梯队,导致天亮时船只搁浅在海滩被炸。25日是战斗最激烈的一天,此时,胡琏已经在南面登陆,指挥敌军反攻。而在彼岸解放军第二梯队的官兵们透过望远镜,目睹岛上敌军对我登岛部队反复围攻和狂轰滥炸,真可谓肝胆欲裂、五脏俱焚,但因无船只运载而无能为力。叶飞意识到大错铸成,急令找船增援,可惜只找到五条,派去200多人增援队伍,由团长孙云秀带队。25日深夜,将士们抱着"风萧萧兮易水寒,壮士一去兮不复还"的决心去到金门,后顺利登岛后与先头部队会合。但最终还是被包围了,孙云秀团长打倒了冲在前面的几名国军,随即将最后一发子弹射进自己的头颅,用生命践行了"军人最好的归宿就是被战争中的最后一颗子弹所击中"的格言。至此,攻金之战宣告失利。

三、八二三炮战

1958年8月23日炮战前后,解放军共调集459门大炮,短短64天把45万发炮弹从厦门甩到了金门。蒋介石则咬紧牙关把12万发炮弹从金门打到了厦门。

炮战前,由于准备充分,且从俘虏中获知了金门防务部司令胡琏的指挥部,确保了炮击的突然性。

1958年8月23日,毛泽东在北戴河做决定,叶飞把决定传到北京总参作战部,作战部长王尚荣直接向厦门云顶岩下达最后命令。

8月20日蒋介石曾视察金门,8月22日晚俞大维视察金门,8月23日下午6点胡琏在其司令部"翠谷"宴请。17时30分,胡琏备下一顿丰盛酒菜为俞大维接风,使得金防部副司令赵家骧、吉星文、章杰、张国英等十几位高官齐集等候。结果,主人和贵宾尚未到,一道"大菜"先端上来,竟是从天而降的6000发炮弹。赵家骧、吉星文、章杰三个副司令被打死,俞大维受轻伤,国民党军600余人被毙伤,对大陆而言,带有惩戒性质的打击已达到预期目的。

后来,炮战改为单日打炮,双日休息。直到1979年中美建交,中国发表《停止炮击大、小金门等岛屿的声明》,历时21年的金门炮战才正式画上句号。

四、今日金门

邱良功母节孝坊位于台湾金门金城镇东门,建于清朝嘉庆十七年(1812年);是台湾地区规模最大且保存最完整的牌坊,也是金门唯一的国家一级古迹,素有"台闽第一坊"的美誉。建立牌坊的目的在于表扬清朝浙江水师提督邱良功的母亲许氏坚贞守节28年,抚育独子成为国家栋梁,教子有功,可为乡梓楷模。

北太武山上有"勿忘在莒"大幅题刻,为蒋介石所题。据《史记》等史料记载,公元前284年,燕将乐毅率五国联军伐齐,攻占齐国都城临淄等七十余城,唯莒与即墨二城未被攻占,齐缗王出奔莒城,次年被臣下所杀。其子法章在莒被拥立为襄王,率众保莒以拒乐毅;田单坚守即墨,后来燕军被田单的火牛阵所破,夺回了七十余城,襄王守莒而最终复国。在这里"勿忘在莒",意为"不要忘记复国"。

莒光楼建于1952年,由著名建筑师沉学海所设计,仿古代麒麟阁三层式建筑,外观雄伟、气宇非凡,是一座水泥钢骨仿宫殿式建筑,飞檐画栋,碧瓦朱柱,屋身构造为硬山搁檩。莒光楼用以表彰驻扎金门军人的英勇事迹,宏扬毋忘在莒的精神,为金门战地精神的象征。

金门人说:"没到过莒光楼,别夸说自己到过金门";自建成以来常是金门邮票和风景明信片的主题,莒光楼已经成为金门的象征。

莒光楼

  作为一个海岛,金门长期缺淡水资源,两岸恢复接触后,一直在商谈从大陆引水至金门事宜。2018年8月5日,注定又是一个载入两岸史册的时刻。两岸同时在晋江和金门举行通水仪式。一渠清甜闽水源源不断地从晋江龙湖出发,穿越16公里的海底管道,流向金门田埔水库。两岸一家亲,共饮一江水,两岸交流合作,又多了一座新的里程碑。

第三章
厦门名人

厦门人杰地灵,历史上英雄豪杰辈出。"南陈北薛久留传",说的是在唐朝时就有以陈黯为代表的陈家居住在厦门岛内洪济山脉的南面,唐朝宰相薛令之的孙子的家族则居住在洪济山脉的北面。北宋的宰相苏颂是今厦门同安区人,其主持创制的水运仪象台是 11 世纪末我国杰出的天文仪器,也是世界上最古老的天文钟。南宋理学大师朱熹首次出仕即担任同安县主簿,走遍厦门的山山水水,留下许多文采政绩。郑成功作为一代名将,其驱荷复台的伟大功绩是在厦门奠定基础的,至今,由他定名的"思明"二字仍是厦门核心区的名字。一代华侨巨商黄奕住从厦门口岸走出去,成为"印尼糖王",之后又回到厦门定居,创办了近代中国最大的侨资银行中南银行,还为厦门的市政建设做出了难以磨灭的贡献。以倾资兴学、教育救国为终生理念的华侨领袖陈嘉庚是厦门集美人,他创办的厦门大学和集美学村至今还为国家的教育事业发出最强大的声音。因日本据台而迁居鼓浪屿的台北板桥林尔嘉,用菽庄吟社聚拢了一大批志在抗日复台的文人学子,前后历时 30 年,创造了闽台文学史上的一大盛况。两脚横跨东西文化的一代文学大师林语堂在鼓浪屿度过了他的童年和少年时光,又娶了鼓浪屿的女儿为妻,曾将"半个北大搬到厦大",深刻地影响了厦门大学。出生于鼓浪屿的新中国妇产科奠基人林巧稚大夫一生亲手接生了五万名的婴儿,她一辈子在践行:"怀着非凡的爱,做平凡的事",这是一句感动和温暖了整个世界的话语。除此之外,周淑安、殷承宗、许斐平、郑小瑛、胡友义等一大批厦门名人,都为人类、为厦门做出过杰出的贡献。本章选取其中最杰出的一部分厦门名人进行概要介绍。

第一节 民族英雄——郑成功

一、身世介绍

郑成功(1624—1662年),明清之际民族英雄,汉族,福建南安市石井镇人。年谱:

1624年8月27日诞生于日本长崎县平户千里滨,小名福松,其父郑芝龙,祖籍福建南安,其母名田川氏,为日本人。

1630年,郑成功7岁,自日本回国,居安海读书,取名森。

1638年,郑成功15岁,为中南安县生员。有大志,以天下为己责,修文习武,佩服春秋之义。

1644年,郑成功21岁,入南京太学,被儒学大师钱谦益收为弟子,并为其取号大木。同年,明王朝灭亡。

1645年,郑成功22岁,南明隆武帝朱聿健即位福州,召见其,爱其才,赐姓朱、赐名成功,这也就是他俗称"国姓爷"的由来,也是其名朱成功亦即郑成功的由来。

1646年,郑成功23岁,被封忠孝伯,挂招讨大将军印,驰骋于闽浙赣边关。八月,清兵入闽,隆武败亡。父降清,母殉难。十二月,在烈屿(今小金门)会盟举义。

1650年,郑成功27岁,杀郑联,取厦门、金门两岛,建立抗清基地。

1655年,郑成功32岁,改中左为思明州,设六官。克舟山、揭阳。在厦门大练兵,准备北伐。

1659年,郑成功36岁,与张煌言联师北伐,克瓜洲,复镇江。苏浙徽八府(州)32县归附,震动东南。写下《出师讨满夷自瓜州至金陵》的七绝:"缟素临江誓灭胡,雄师十万气吞吴,试看天堑投鞭断,不信中原不姓朱。"这首诗力透纸背,至为感人,充分显示了他的胸襟和文采。

当年,围南京,但因骄兵致败,率残部返回厦门。其时,何斌献台湾地图,图谋攻台湾。

1660年,郑成功37岁,大败清达素水师。措饷练兵,造船制器,准备东征。

1661年,郑成功38岁,力排众议,率师东征。迎风涛,战荷舰,屡败荷军。改赤嵌为东都明京,设一府二县,颁屯垦条款。巡视南北,台湾人民壶浆箪食以迎。

1662年,郑成功39岁,2月1日,荷殖民者签约投降,台湾重归祖国;整顿吏治,奖励屯垦,重农兴学,开发台湾;6月23日(农历五月初八)逝于台湾,正是"壮志未酬身先丧,千古遗恨泣英雄"。郑氏政权由其子郑经继承。

二、一生主要功绩

1.抗清复明

1647年至1661年间,郑成功抗击清廷十数年,一度北伐至南京城下,战功累累,但最终失利。

2.驱逐荷虏,收复台湾

1661年,郑成功从金门料罗湾出发,率军2.5万人。最终迫使荷兰殖民总督揆一于1662年2月1日在投降书上签字。

儒将郑成功

三、评价

郑成功的一生,是极具传奇色彩的一生。东南抗清,扛起南明半壁江山;驱除荷虏,收复宝岛台湾;通洋裕国,建设"郑氏海商集团",一度成为东南沿海的海上霸主……说他是赤胆忠心的铁血将军,或是收复失地的讨虏功臣,抑或是精通海贸的商业奇才,皆不足以概括其奇幻瑰丽的一生。

郑成功还是令海峡两岸人民共同敬仰的民族英雄。如今在泉州各处都能见到人们缅怀郑成功的身影。1962年,郑成功纪念馆于郑成功故里南安石井镇设立,展出各种文物、资料、雕塑等,石碑、书籍等物镌刻下了英雄的丰功伟业。1982年,南安郑成功墓被确定为全国重点文物保护单位,两岸人民不时前来祭拜、缅怀这位英雄。1996年,石井延平郡王祠被公布为福建省级重点文物保护单位。除此之外,位于泉州南安的水师寨、铳城楼、海上视师石刻、国姓井、郑成功碑林等与郑成功相关的历史遗迹在社会各界的保护下亦焕发光彩。在台湾,民众尊称郑成功为"开台圣王"。郑成功收复台湾,带动了闽南人向台湾移民,有力地推动了闽南方言、民俗、信仰等闽南文化在台传播,促进了海峡两岸文化的融合发展,也印证了海峡两岸人民"血浓于水"的深厚情感。

如今,郑成功所代表的精忠爱国、拼搏济世、求新求变、开放包容的精神内涵经过数百年的沉淀,已成闽台两岸同胞共有的文化基因,深深扎根于民众的精神沃土之中,并将世代传承下去。

四、郑成功遗迹

(1)国姓井。国姓井坐落于鼓浪屿延平公园内,此井系明末清初郑成功屯兵鼓浪屿时期开凿的士兵饮水井。1982年公布为市级文物保护单位。保护范围:以井为圆心,半径20米的范围内。

(2)龙头山寨遗址,位于今鼓浪屿日光岩内。

(3)延平故垒,位于今集美陈嘉庚纪念胜地内的男生游泳池上方。

(4)鸿山公园"嘉兴寨",位于厦门岛内。

(5)郑成功读书处,位于厦门岛内园林植物园内的"太平石笑"旁。

(6)郑成功墓。郑成功墓在南安市水头镇附近的康店村复船山,为全国重点文物保护单位。其孙郑克塽降清后,于康熙三十八年(公元1699年)5月22日卯时迁柩归葬于南安县,附葬于康店村的郑氏祖茔,随同迁葬的还有其子郑经的灵柩。康熙皇帝题撰挽联:"四镇多贰心,两岛屯师,敢向东南争半壁;诸王无寸土,一隅抗志,方知海外有孤忠"。叹服郑成功的浩然气节与非凡功勋。

(7)台湾台南郑成功墓址纪念碑。

第二节 抗英名将——陈化成

一、生平介绍

陈化成(1776—1842年),福建同安县(今属厦门市)人,是鸦片战争时期守卫吴淞、英勇抗英的著名将领。他出生于金门,自幼熟习水性,精武艺,尚气节,智勇过人。年二十八,加入清军水师,历任把总、千总、参将、副将、总兵等职。道光十年(1830年)被提拔为福建水师提督;驭军有纪律,约己尤严,时称"廉将"。道光二十年(1840年),陈化成调任江南提督。他体恤士卒如家人,士卒皆称他"陈老佛"。

吴淞口位于黄浦江与吴淞江汇入长江的出口处,是保卫上海和长江门户的首要阵地。陈化成在吴淞深得士卒心,连侵略者也畏其威名,人常说"不怕江南百万兵,只怕江南陈化成"。他常告诉部属:"人莫不有一死,为国而死,死亦何妨?我无畏死之心,则贼无不灭矣!"

道光二十一年(1841年)八月,定海再次沦陷,镇海相继失守,裕谦投池殉国。陈化成悲痛欲绝,誓死保卫吴淞要塞。他对部将说:"武臣卫国,死于疆场,幸也,尔等勉之。"

道光二十二年四月初八(1842年6月13日),陈化成亲自挥旗督战,燃炮杀敌,击伤英舰数艘,致敌不敢进。时两江总督牛鉴从宝山脱逃,致东炮台失陷,英军遂登陆抄袭西炮台,他率孤军血战,中弹7处仍奋勇搏斗,与守备韦印福、千总钱金玉等官兵殉难。这次吴淞要塞保卫战,共击毁敌舰八艘,歼灭侵略军六百余人。这也是第一次鸦片战争中,英军死亡人数最多的一场战役,沉重打击了英侵略军。

时人有凭吊诗云:

"报国捐躯日,遥天黯将星,

山河留壮气,风雨泣阴灵;

泪洒三军血,名流万载馨,

茫茫烟水阔,凭吊问沧溟。"

二、遗迹

陈化成在厦门的遗迹有:草埔巷9号,门牌挂"陈化成研究会"的院子是陈化成故居;公园西路有陈公祠;金榜山下还有陈化成墓。

金榜山下陈化成墓

2021年11月,同安区西柯镇丙洲岛上的民族英雄陈化成雕像落成,高17.56米、宽9米多,整体重量达1000吨,陈化成肃然远眺,左手紧握剑鞘,右手已微微将剑拔出。天地英雄气,千秋尚凛然。陈化成将军坚贞忠诚、舍生取义的爱国情操,勤政为民、廉洁奉公的品格美德,可歌可泣、辉映千秋的英雄业绩,为英雄故土长留一脉清风正气,为中华民族永存一份精神瑰宝,更为实现"中国梦"汇聚踔厉奋进砥砺前行的磅礴力量。

第三节 印尼糖王、中国银行家、"鼓浪屿房地产之父"——黄奕住

黄奕住(1868年12月10日—1945年6月5日)是泉州南安县金淘区楼下乡石笋村人,是位颇具传奇色彩的华侨巨贾。17岁漂洋过海到南洋谋生,经过二十多年打拼,从货郎到印尼糖王,致富后又回到祖国投资,把事业推向新的高峰。当年,闽南流传着这样的说法:"若想富,要学黄奕住","富甲亲像黄奕住"。

黄奕住

一、生平简介

（1）少时，读过几年私塾，颇聪慧，家贫辍学，后学理发手艺。

（2）出洋。1884年，黄奕住抱着出外谋生闯世界的想法，随乡亲们一起出洋，先到了新加坡，不久又流浪至印尼苏门答腊岛的棉兰市，最后，移居到中爪哇的三宝垄市。他到三宝垄之初，人地两生，语言不通，幸得一些同乡相助，在街头巷尾设一流动理发摊，夜间则借宿在一间妈祖寺庙里，过着半饥半饱的生活，当地华侨称他为"剃头住"。

（3）奋斗。首先他学习掌握了当地爪哇语言，后在老华侨魏嘉寿的协助下改业从商，充当肩挑小贩，因诚信且服务态度好，生意日好，后租固定摊位，与当地女子蔡缰结婚后，更加勤奋经营，之后自己开店，事业蒸蒸日上。

（4）成就。1907年，成为拥有几十万资本的华侨糖业商人，在三宝垄开设"日兴行"，由零售商转为批发商。1914年，生意扩大到泗水、雅加达、巨港、棉兰及新加坡，资本达300万～500万荷兰盾。一战期间，收购大量蔗糖货物，战后，糖价暴涨，获利达千万以上，成为赫赫有名的富商。

（5）回国。一战结束，荷兰殖民当局要求补缴巨额战争税款，他觉得创业难，守业也不易，不如在有生之年携资回国，振兴中华，帮助祖国建设，造福家乡民生，这才不负半生辛劳。1919年，他将在国外30余年之积蓄2000万美元汇回祖国，定居鼓浪屿，创立日兴银号。他积极参与厦门市政建设，在上海开办最大的侨资银行——中南银行。

（6）去世。1938年，黄奕住避居上海租界，1945年6月病逝于上海。临终感叹说："吾爱国爱乡之心，不后于人，一入国门，而思竭涓埃之报，乃卒未酬之志。"把未竟爱国之心引为终生憾事。

二、对国家、社会贡献

1. 创办中南银行

1920年,黄奕住专程前往上海,拜会了一些著名人士,如上海《申报》董事长史量才、银行家胡筠(胡笔江)等人,共商"谋设中南银行于上海。中南之者,示南洋侨民不忘中国也"。该行创办之初预定招股2000万元,第一期缴足资本500万元,黄奕住认股350万元,占股份70%。

1921年7月5日,上海中南银行正式成立并营业。据《申报》报道:中南银行开幕当天,来宾极多,本埠军政商学各界、中外各银行、商会暨南洋侨商代表均往致贺,京津及长江一带并有来宾共约一千五六百人,颇极一时之盛。各处之以祝词楹联为赠者凡一千余事,贺电百有余通。当日柜面收入存款银洋合五百余万元。中南银行作为"华侨与祖国联络的先声",资本雄厚为商业银行所罕见。

中南银行是当时全国最大的侨资金融企业。该行向国民政府立案后,"政府念君才,知可倚重,遂予发行钞票,视同中国(银行)、交通(银行)两行"。因此,中南银行成为当时全国可以发行钞票的三家银行之一。直到1935年国民政府统一全国货币为法币止。

其改造的十元纸币五女纸钞:该币票面为横式,票幅为178×88毫米。正面印有两位女子:右侧为身着汉族服饰的妇女,据说是南唐后主李煜的周皇后;左侧为满族妇女,一看便知是青年时期的慈禧。背面印有三位女子:中间为回族妇女,据说是香妃(实际香妃是维吾尔族);右侧为蒙古族妇女;左侧为藏族妇女。后两位具体所指为谁,尚没有考查出来。

在中南银行举行的第一次临时股东大会上,黄奕住当选为董事长,胡筠任总经理,史量才、韩君玉等任常务董事。1924年,该行增资至750万元,黄奕住入股500余万元,仍占资本额的3/4。随着银行业务的开展,该行先后在天津、厦门、汉口、广州、南京、苏州、杭州及香港等地设立了分行,在北京设立了办事处。

中南银行凭借自身的资源禀赋和北洋当局特殊的政治、经济环境成功取得发钞权。中南银行对外与外资银行开展竞争,对内十足发行稳固国内银行纸币信誉,稳定金融市场,推动"北四行"(盐业、金城、大陆、中南)的发展,为工商业发展融通资金。在国内挤兑风潮不断、银行停业清理时有发生的背景下,中南银行在14年发行史中,一直信誉卓越,成为市场上最受欢迎的银行券之一。而后,顺应国家币制改革,统一发行货币的历史趋势,出色地完成发行权的转移工作。事实表明,中南银行从创立到发行权的取得,再到独特的联营方式和辉煌的发行业绩,可以说是中国近代金融史上商业银行的典范。

2.对厦门市政建设的贡献

1920年,在他的倡议下,厦门市政委员会成立,林尔嘉任会长,黄奕住任副会长。市政会的委员们通过各界合作,发动海外华侨与国内富商投资,开辟马路,填海扩地,兴建楼房,建设公共设施,发展公用事业,使厦门的城市建设得到极大的改观。

市政会执掌各种章程、规划的制定,工程的设计,以及审议和筹款,为决议机关,掌握一市之市政建设规划的全部权力,这在全国尚属首例。

于1923年取消市政委员会,市政局也于1925年被撤销,另成立厦门市政督办公署,由陈培锟督办,周醒南任会办,计划新修马路、筑海堤、改造街道。黄奕住虽不再担任市政委员会负责人之职,但陈培锟、周醒南都是他的好友,因此一如既往地对他们领导的市政工程给予资金上的支持。

1924年8月1日,厦门第一条马路开元路修建竣工并行人力车,全长700米,宽9.1米,两侧人行道各长2.4米,耗资20万元。

1928年6月18日,思明北路竣工。以思明电影院为中心的思明东西南北路皆在此期间修建。1929年,中山路建成通车,长1200米,宽15米。

黄奕住在鼓浪屿上修建黄家花园与观海别墅,同时,在濒临鹭江东侧坞内买下大片荒地,除在临海一边盖了一座在当时颇为现代化的鹭江酒店外,还开辟了一条街道"日兴街",街道的路面用花岗岩条石铺成,两侧建起一排排两层楼房。日兴街是鼓浪屿岛上第一条用条石铺成的街,第一条在空地上按设计图纸修建的、由整齐的楼房组成的街道。

3.创办商办厦门自来水股份有限公司

1920年,黄奕住有感于厦门饮水艰难及卫生状况,遂发起筹办厦门市自来水公司。翌年,他与厦门商会会长洪鸿儒、中国银行厦门分行经理陈实甫、英商汇丰银行买办叶乎光等人共商筹资兴办事宜。1923年5月,公司经当时北京市政府农商部批准定名为"商办厦门自来水股份有限公司",初定资本为100万元,黄奕住自己先认股40万元。1921年2月,黄奕住聘请从美国哈佛大学学成归来的林全成任总工程师,为其支付全市最高月薪,并亲自操办公司一应事项。

自来水的蓄水池、过滤池、水塔等公司建筑工程于1925年在上海招标,由德国西门子公司以92万元中标承建。1926年7月,自来水公司第一期工程竣工,并开始供水;1927年全部工程完成,蓄水池最高水量为两亿八千万加仑,可供全市 20 多万居民 9 个月之用。同年 10 月 28 日,该公司召开成立大会,制定章程,规定资本为 200 万元,黄奕住当选为公司董事。

厦门自来水公司因其设备先进、管理严格,水源又好,所供水的质量极高。来往于厦门的各国商船,在试用厦门自来水公司所供之水的过程中,经过各国多种仪器的化验,确认厦门自来水的水质在东亚居第一位。厦门自来水公司由此获"远东第一水厂"之称,声名远播。

1929 年,黄奕住又倡议在鼓浪屿日光岩和鸡冠山分别建造了高低水池两座,并备有大小运水船 3 艘、拖船 1 艘,每天用船将厦门自来水运至鼓浪屿抽送池,从而解决了鼓浪屿居民的用水之需。由此,这是厦门市(包括鼓浪屿)历史上第一次真正解决了居民饮用自来水的问题。

4.创办厦门电话公司

黄奕住从林尔嘉手中承接了厦门德律风电话公司,扩充资本至 30 万元,筹建商办厦门电话股份有限公司,并在随后以 23250 元的代价,将日本人创办的川北电话公司收回自办,独资经营不以营利为目的的厦门电话股份公司。

他聘请了上海的钱咸昌为总工程师,对原有的话机、电杆线路等进行改换,采用美国卡洛公司的新式机件,最大通话容量可达 2500 门,同时培训接线员,因此使电讯接收灵敏迅速畅通,用户也迅速增加。与此同时,他还投资铺设了厦门至鼓浪屿的海底电话电缆。1924 年 1 月 1 日,厦、鼓之间也正式通话。1925 年,他又投资 10 万元在漳州市设立"通敏电话公司",并在海澄、石码、浮宫及南靖县等地设立分线,进一步加强了厦门的对外联系。

5.创办学校及捐助教育

黄奕住独资创办了南安斗南学校和厦门慈勤女子中学。黄奕住规定,斗南学校实行学生免费入学,小学生学习用品均由学校发给,对家远的学生免费提供午餐,每个学生每年可得一套免费的校服。这种做法在福建省尚属首例。创立于 1905 年的厦门女子师范学校,培养了林巧稚、黄潜、黄萱等有名的女专家、女学者,1929 年却因经费拮据面临停办的危险。黄奕住承担全部经费接办了这所学校,改名为慈勤女子中学。

陈嘉庚创办厦门大学、兴建校舍时,黄奕住也慷慨解囊捐献十万元。厦门同文书院兴筑校舍,他独捐一座教学楼,被命名为"奕住楼"。1927 年,奕住又捐助厦门大学"图书设备费国币三万元"。对此,厦门大学曾于 1931 年 6 月在办公室勒石志谢:"黄君奕住,慷慨相助,有益图书,其谊可著。"这块碑文,至今仍镶在"群贤一"楼下中厅石壁上。

6.捐资重修泉州开元寺东塔

1926年,黄奕住捐资16000银圆修缮泉州开元寺东塔,塔内有勒石立碑为志。

在中国现代化过程中,历史上存在过以下几种发展模式:一是张之洞模式,即官办模式;二是张謇模式,即绅办模式;三是荣德生、荣宗敬模式,即商办模式,以小额资本发展为大资本家的模式;四是黄奕住模式,即从农民(剃头匠类)到资本家的模式,或叫侨办模式。

第四节 华侨旗帜——陈嘉庚

陈嘉庚(英文名:Tan Kah Kee,1874年10月21日—1961年8月12日),华侨企业家,福建同安县集美社人(现厦门市集美区),是马来西亚及新加坡地区著名华人企业家,是著名的全球华侨领袖、企业家、教育家、慈善家、社会活动家,被毛泽东称誉为"华侨旗帜、民族光辉"。

陈嘉庚

一、励志图远的实业家

1.南来狮城,创业维艰

1890年,17岁的陈嘉庚第一次离开家乡,来到新加坡,在他父亲经营的米店当学徒。1904年,其父生意失败,嘉庚开始独立创业,经营新利川黄梨厂等,于1907年还清父亲所欠的20余万元债务,成为商业佳话。

2.黄梨大王,胶业巨子

陈嘉庚最初开设了一间生产罐装黄梨的工厂,生意日好,后向其他盈利较好的行业扩展,如米业和橡胶业。陈嘉庚是新加坡最早因橡胶业发迹的富商之一。

3. 生意多元，信念如一

1925年最鼎盛时期，陈嘉庚的企业王国遍及全球五大洲，与48个国家有生意往来，其旗下共设150间办事处，所雇员工达3万余人，总资产达到1200万元。在1929年世界经济大萧条到来时，他的商业王国开始不断萎缩，直至1934年全面收盘。尽管如此，陈嘉庚仍然保持着他一向以来服务社会的满腔热忱，处处以身垂范，一直是新加坡社会中德高望重的社群领袖。

二、兴教办学的倡导者

事业有成的陈嘉庚一向秉持"取诸社会，用诸社会"的古训。他身体力行、慷慨捐输，大力兴办教育与公益事业。黄炎培先生曾说："发了财的人，而肯全拿出来的，只有陈先生。"

他于1913年在中国家乡集美创办集美学校；1918年领导筹建新加坡第一所华文中学、创办集美中学和集美师范学校；1919年创办南洋华侨中学，简称"华侨中学"1921创办厦门大学；1950监督集美学校和厦门大学的修复和扩建工程；1959在厦门创办华侨博物馆。

（1）陈嘉庚历年慈善捐赠总共捐赠约1000万元新加坡币，1980年时折合约1亿美元。

（2）陈嘉庚躬行实践，不仅自己慷慨捐款，也同时致力于唤起社会团体和社群领袖的办学意识。

（3）陈嘉庚捐资办学的高峰是在1921年。他痛感福建文化教育的落后和人才的匮乏，便决定投资100万元创办厦门大学。所有办学费用由他一人承担，包括大学的经营费用300万元，也由他分12年支付。对于厦门大学，他付出了满腔的心血，从聘请校长和教员，到校舍的选址设计施工，他四处奔走，呕心沥血，使厦门大学成为当时中国国内的知名高校。

三、率先垂范的社群领袖

陈嘉庚不仅是成功的实业家和商业巨子，在人格品行上亦堪称典范，是当年备受人们尊崇与敬佩的社群领袖。他也善用自己在社会的影响力，在本地和海外创建了民间团体和庞大的社会关系网络，包括会馆和高等学府等，力求进一步改善社会、造福社群。

1. 呼吁团结，动员大众

陈嘉庚曾是新加坡多间华商会所的核心领袖，包括新加坡中华总商会、新加坡福建会馆、怡和轩等。1910年加入同盟会，支持孙中山革命。

2. 筹募资金，抗日救亡

自20世纪20年代末，他更发动新加坡华人社群多次募集赈款，为祖国救灾济难。1938年，陈嘉庚被推举为"南洋华侨筹赈祖国难民总会"的主席。1937—1942年，东南亚华侨的捐款总额达5500万元（国币）。

1938年在国民参政会第二次大会上提出"敌未出国土前，言和即汉奸"的著名提案。1940年3月，陈嘉庚率领南侨总会组织的"南洋华侨回国慰劳考察团"，慰劳抗日前线的将士与后方的军民，这是他人生中的一大转折。从1927年到1940年回重庆之前，他是坚决的"拥蒋派"，称"蒋委员长乃中国国内外四万万七千万同胞共同拥戴之唯一领袖"，"蒋委员长的意志，即中国全国国民的意志"。抗战义捐款项悉数汇交国民政府行政院。访问重庆与延安之后，他了解了中国抗战的真相，思想认识产生了重大改变，断定"共产党必胜，国民党必败"。1940年5月31日至6月8日，陈嘉庚访问延安。这次访问坚定了他对抗战胜利的信心，断定"中国的希望在延安"。

3. 参与社会主义建设

1949年，陈嘉庚回国参加开国大典。1950年永久回国定居，担任中央人民政府委员、归国华侨联合会主席，号召海外华侨回国或捐资共同建设社会主义，倡议修建厦门海堤和鹰厦铁路。

陈嘉庚归国后对身边工作人员说："做人最要紧的是诚实与正义，要明是非，要为社会做事。再多的钱可以花光，但诚实、正义却永远受人尊敬。"

四、流芳百世的智者善人

1961年8月12日，陈嘉庚因癌症在北京病逝，终年88岁。"陈嘉庚先生治丧委员会"由周恩来总理担任主任委员，丧仪极为隆重。周恩来总理、朱德委员长亲自执绋，廖承志在追悼会上致辞。1961年8月20日下午，灵柩专列运抵集美，由福建省委书记林一心亲自主持隆重的安葬仪式，从此，陈嘉庚就长眠在生他养他的故乡。

陈嘉庚先生是一个重要的历史人物，他的影响远远超出了国界，他的精神在海内外都将永远放光芒。陈嘉庚精神跨越时代、跨越种族，成为全人类共同的财富。1990年，国际小行星委员会把天上发现的一颗编号为2963

号的明亮的小行星命名为"陈嘉庚星",从此,这颗带着陈嘉庚光辉名字的行星在太空遨游,与天地同在,与日月同辉,与宇宙共存。

2009年陈嘉庚入选100位为中华人民共和国成立作出突出贡献的英雄模范人物,颁奖词为:华侨领袖,红色资本家。

2015年9月2日上午,中共中央总书记、国家主席、中央军委主席习近平在人民大会堂,向30名抗战老战士老同志、抗战将领、为中国抗战胜利作出贡献的国际友人或其遗属代表颁发纪念章并发表重要讲话。陈嘉庚长孙陈立人代表其领取抗日战争胜利70周年纪念章,以表彰陈嘉庚先生带领南洋华侨积极支援祖国抗战。

2019年陈嘉庚入选新中国成立70周年来的278名"最美奋斗者"之一,由其长孙陈立人代表到北京领奖。由习近平总书记亲自颁奖。

2019年,为纪念新加坡开埠200周年,新加坡金融管理局推出全新20元钞票。华侨面孔(陈嘉庚)首次出现在新加坡20元新钞上。

纪念新加坡开埠200周年发行20元纸币

五、陈嘉庚科学奖

陈嘉庚科学奖的前身是1988年设立的陈嘉庚奖,是以对中国科教事业发展做出杰出贡献的爱国侨领陈嘉庚先生的名字命名的科学奖励。2003年,由中国科学院、中国银行共同出资3000万元成立陈嘉庚科学奖基金会,设立陈嘉庚科学奖。2008年5月,中国银行向陈嘉庚科学奖基金会追加捐赠1000万元。该奖项每两年评选颁奖一次,每个奖项奖金100万元人民币,同时颁发荣誉奖章和证书,号称中国的"诺贝尔奖",主要奖励在物质科学、生命科学、地球科学、技术科学、农业科学和医药科学6个领域内有突出研究成果或重大发现的中国科学家。

第五节 菽庄主人——林尔嘉

林尔嘉(1875年5月18日—1951年11月8日)是民国年间在闽台两地负有声望的人物之一,是著名的爱国实业家、华侨慈善家。清乾隆四十三年(1778年),其先祖林应寅自福建龙溪县白石堡吉上社(今属龙海市)迁居台湾,以家学渊源,开馆授徒。他的曾祖林平侯,改行经营拓荒垦殖业,并兼营工商业、航运业,富甲一方。林平侯商而优则仕,一度生育五个儿子,分为五房:长子国栋,房号"饮记";次子国仁,房号"水记";三子国华,房号"本记";四子国英,房号"思记";五子国芳,房号"源记"。将五个儿子的房号串联起来,就是"饮水本思源",寓意深远。其中三房国华和五房国芳,重视祭祖,共设祭祀公业,以三房和五房的房号"本记""源记"合称为"林本源祭祀公业",这是后来人们以"林本源"代表林家的来历。

三房林国华传子两人,长子名维让(新一房)、次子名维源(字时甫,新二房)。维源继承祖业并将其发扬光大,业产越发兴旺发达,名列台湾首富;在台北板桥建造的"林家花园",富丽堂皇,名闻遐迩。五房林国芳无子,抱养一子,取名维德(新三房),维德生子鹤寿,即是建鼓浪屿八卦楼之人。

林维源(1840年3月21日—1905年6月16日),台湾首富,1886年出任帮办垦务大臣及台湾铁路协办大臣,并协助刘铭传清丈土地,于1890年因功升至太仆寺少卿。1895年离台至厦,1905年被清廷授予侍郎头衔。

总言之,板桥林家崛起于清代中叶,历经林平侯—林国华、林国芳—林维让、林维源三代人的勤力经营,成为全台湾最富有、最具影响力的家族之一。中日甲午战争后,林维源率族人内迁厦门,热心公益事业,并积极建设、服务地方。"政商两栖、义利合一",这些林家特有的家风使板桥林家闻名于海峡两岸和南洋各地。

板桥林家花园又称林本源庭园,该园建筑历时5年,建成于清光绪十九年(1893年),其占地总面积超过5万多平方米,是清代台湾规模最大的建筑,编列为二级古迹,为台湾现有古式庭园的代表,素有"园林之胜冠北台"之雅号。

维源有子四人,尔嘉居长,诞生于光绪元年(1875年)农历五月十八日,已是林家迁台的第五代。林尔嘉原名陈石子,是厦门抗英名将陈胜元五子陈宗美的嫡生长子,6岁时才过继给台湾板桥林家。

光绪二十一年(1895年),清政府因甲午战败被迫签订《马关条约》,将台湾割让给日本。身为台湾名绅首富的林维源,面临去留的抉择。时维源56岁,正值英年,毅然放弃庞大家产,率带眷属内渡;21岁的林尔嘉,风华正茂,追随其父左右,定居厦门鼓浪屿。

1915年时的林尔嘉

1904年,林尔嘉任厦门保商局总办,厦门总商会总理,发起建设厦门的电话、电灯、自来水等公共事业。1912年元旦,孙中山先生在南京就任中华民国临时大总统,遴选尔嘉为参议院候补议员;1920年,膺任厦门市政会长,任期四年,建树颇多;并连任鼓浪屿公共租界工部局董事会华人董事达14年,直到他因病于1923年赴欧洲治疗为止,为鼓浪屿的华人居民争得合法权利,做了许多工作,深得居民们的信任。

工部局是英文Municipal Committee的中文译名,现代译法应该是"市政委员会"。1902年,英、美等外国驻厦领事和清政府地方官员签订了《鼓浪屿公共地界章程》,把鼓浪屿划为公共租界,并设立"工部局董事会",俗称"工部局",为鼓浪屿工部局时期的行政管理机构。工部局的董事会由洋人纳税者选出来的六名工部局董事,加上一名指派的华人董事组成。工部局的职权为提供基础建设、设立巡捕、创立卫生章程、收税等。

自1904年至1907年,林尔嘉在厦门保商局总办兼商务总会总理任内,革除陋规苛例,方便华侨商旅,主持制定《土地买卖章规》《华洋交易规约》各64款,推动厦门的对外贸易。1907年厦门商务总会兴办电器通用公司,拟在厦门安装电灯、电话。由于风气未开,投资者寥寥无几,拖延数月,业务无法开展,林尔嘉投资30万银圆为倡,促成其事。

20世纪20年代厦门兴建近代城市,开辟马路,拆迁民房遇到地方封建保守势力和外国籍民的阻挠,身为市政会长的林尔嘉"不避嫌怨,力为其难","任其劳而不任其功,辞其利而不辞其责",秉公办事,使"忌者不敢谤",市政建设得以顺利进行。

林尔嘉爱好围棋,鼓浪屿的第一架钢琴为林尔嘉所有,时间是1913年。同年,他选址鼓浪屿港仔后兴建"菽庄花园"。园中有一胜景题名"小板桥",寄托他对台湾故土和先人的深挚怀念。并于1914年成立"菽庄吟社"。吟社以菽庄花园为活动载体,所需一切费用均由园主慷慨承担。每逢佳节,菽庄花园高朋满座,尽是鸿儒硕学、骚人墨客,放歌吟咏,乐在其中。

每逢佳时令节,如七夕、中秋、重阳、上元等,以及主人寿诞、结婚纪念等喜庆,林家皆高宾盛会,邀请社侣赏菊、观潮、泛舟,以景点、定题、限韵、诗钟等方式唱和。曾向全国征诗五次、征词一次、征序一次、征赋一次,每次一个主题,共征得诗、词、赋、文、序12000多首(篇),评选出甲、乙、丙、丁四等,按等赠给图书、奖金。每年征文甲等作品,当年结集出版。每届的吟稿都出版单行本,再汇编成册。吟社成员一开始就有约三百人,几乎囊括闽台术有专攻的饱学之士和诗人,其核心成员菽庄"十八子"——施士洁、龚显燦、龚显鹏、汪春源、吴增、周殿薰、庄善望、苏大山、龚植、龚显鹤、龚显禧、施乾、沈莹、马祖庚、庄棣荫、卢文启、李禧、卢心启,以及许南英、林辂存、施景琛、黄培松、陈望曾、陈海梅、陈培锟、陈衍、沈骥、吕世宜、苏大山、林鹗腾、施云舫、许蕴白、俊彦、汪杏泉、陈石遗、林琴南、吴增祺、杨士鹏、施健庵、李禧、龚云史、龚樵生、龚绍庭、苏君藻、吴东园、周墨文、陈剑门等,悉为功名之士,皆欣然唱和不断,慷慨放歌,日积月累,综合一契。后来吟侣发展到将近1000人,范围遍及福建、湖南、江苏、浙江等省市,菽庄花园真正成为名副其实的"文士园""诗人园"。

吟社编印出版《菽庄丛刻》八种,包括《虞美人诗》《黄牡丹诗》《鹭江泛月斌》《小兰亭三修褉序》等。另有《菽庄丛书》六种,包括学术著作、读书笔记、诗词结集,其中影响最大的是《鹭江名胜诗钞》。这些书籍一出版,风雅人士争相阅读,畅传闽台以至海内外。一直到1944年(民国33年),吟社才中止活动,前后长达三十年,其范围之广、活动之频、佳作之多、影响之大,可谓20世纪上半叶闽台文坛之一大盛事,亦是闽台文学史上辉煌的一页。

林尔嘉先生本人亦是一诗人,一生写了300多首诗,几十副对联。1973年5月,他的子孙们将他的诗作编成《菽庄诗稿》(又称《林菽庄先生诗稿》)在台北出版。全书计收录了林尔嘉诗作311首。其中,1914年写的《菽庄口占》诗曰:"卷帘一色海天清,静里从容见物情。潮水也知人世变,去来时作不平鸣。"

1923年秋,林尔嘉离开鼓浪屿游历日本,后至美国,再至欧洲,历30余国,至1930年始回国,是大旅行家。

在"弱国无外交"的旧中国,林尔嘉却敢与违法的外国人斗,毫不示弱。菽庄花园因与厦门海关洋人税务司公馆毗连,"迭遭侵害"。1929年11月10日,洋人税务司夏礼威竟然蛮横地拆毁菽庄花园的石桥,事件发生后,林尔嘉依法向法院提出刑事诉讼。经林多方努力,后夏礼威自知理亏,不敢对簿公堂,以赔礼道歉结束。国人告倒洋人,令世人大快。

抗日战争期间,在金门失陷后,林尔嘉避居上海,闭门谢客以免招惹失节之耻,其高风亮节令人钦佩。抗战胜利,喜讯传来,他写了《乙酉重阳登春申江三十一层酒家感赋》七律一首:"……暮年历劫人尤瘦,一字题糕自己酬。还我河山偿我愿,登临更上几层楼。"

嗣而台湾光复回归祖国怀抱,他又写了感赋四绝,并有序云:"乙未割台湾,挈眷归原籍龙溪,五十有余年矣,乙酉台湾收复,余旅沪辄思回台……"未几,即返回板桥故园,安度晚年。1951年11月8日,病逝寓所,享寿77岁。1956年,其家人把菽庄献于国家,辟为公园。

第六节 文学巨匠、幽默大师——林语堂

林语堂(1895年10月10日—1976年3月26日),福建龙溪(现漳州市平和县坂仔镇)人,原名和乐,后改玉堂,又改语堂。林语堂是中国当代著名学者、文学家、语言学家,是第一位以英文书信扬名海外的中国作家,是"一脚横跨东西"的一代文学大家。厦门是林语堂的第二故乡。林语堂11岁就到厦门,在鼓浪屿接受了七年的中小学教育;25岁时,他娶了厦门姑娘廖翠凤为妻,两人相濡以沫57载,女儿林太乙就在《林家次女》一书中开篇写道:"我们认为我们是厦门人。"32岁时,他把回报桑梓的愿望寄托在了出任厦大文科主任,包括鲁迅在内的一批大师随他而来,而时至今日,他所带来的现代科学精神和态度还影响着厦门大学,影响着厦门。

1905年,和乐坐了三天的船,从漳州平和坂仔来到了鼓浪屿,入读养元小学。14岁时,和乐升入了寻源中学(校址在今鼓浪屿音乐学校),这所中学与养元小学隔壁。在鼓浪屿待了整整七年后,1912年他考入上海圣约翰大学,毕业后在清华大学任教。

起初,林语堂在上海圣约翰大学读书,看上了同学的妹妹、出身鼓浪屿

的上海圣玛丽女校校花陈锦端,两人两情相悦。但却因为林语堂家穷,被陈锦端之父陈天恩棒打鸳鸯。之后陈天恩介绍了鼓浪屿钱庄老板的女儿廖翠凤给林语堂,林语堂竟然接受了。当时廖母问廖翠凤:"和乐很穷,你不介意吗?"廖翠凤说,穷有什么关系?此事征得林、廖家长首肯。于是,林语堂在失恋之后,听从"父母之命,媒妁之言",与廖翠凤订婚。但林语堂自觉他们之间还没有爱情基础,随后先去念完大学,毕业后还不肯完婚,继续飘摇北上。廖翠凤不恨他也不怨他,一直在鼓浪屿痴痴地等他。一晃就是四年,而林语堂终为廖翠凤的痴情所感动,回鼓浪屿迎娶她。

1919年1月9日,林语堂在鼓浪屿岛上和廖翠凤举行了中西合璧的婚礼:他们先在协和礼拜堂举行西洋婚礼仪式,随后又在廖家别墅补办了中式婚礼。在中式婚礼上,这个年轻人端着一碗龙眼茶,不仅喝完了茶,还把龙眼也吃得精光。其实龙眼只是讨个吉利,按风俗是不吃的。婚礼后三天,他偕夫人到美国哈佛大学留学,继而成为"两脚踏东西文化,一心评宇宙文章"的文学大师。在征得妻子同意后,他烧掉结婚证书,他说"结婚证书只有离婚才用得上",表示了他们永远相爱、白头偕老的决心。

新婚后的林语堂和廖翠凤　　幽默大师林语堂

传奇的是,此后57年,无论富贵还是贫穷,他们不离不弃,白头偕老,至死不渝,成就了一段"金玉良缘",羡煞神仙。有人问他们幸福的秘籍,他们只说了两个字:给、爱。只是给予,不要在乎得到。让对方幸福,就是让自己幸福。林语堂和廖翠凤,就这样幸福了一生。林语堂承认,他的自由天性也只有翠凤这样的妻子才能完全包容,并总结说:"才华过人的诗人和一个平实精明的女人一起生活时,往往是,显得富有智慧的不是那个诗人丈夫,而是那个平实精明的妻子。"

1919年秋,林语堂赴美就读哈佛大学文学系,1922年获文学硕士学位,同年转赴德国入莱比锡大学,专攻语言学。1923年,林语堂获博士学位后回国,任北京大学教授、北京女子师范大学教务长和英文系主任。1924年后为《语丝》主要撰稿人之一。

1926年5月下旬,林语堂从北京南下应聘到厦门大学工作,他当时身兼数职,既是厦大文科主任,又是国学研究院总秘书,并代理图书馆主任,到1927年3月离开厦门大学。虽然林语堂在厦门大学的时间不长,但在厦门大学校史上,林语堂却留下很深的痕迹。如果林语堂遭北洋军阀通缉时不躲进林可胜医生的家中,他会在1926年回到厦大出任文科主任吗?历史总是存在某种巧合。当年,厦大校长林文庆想办国学院时,他那当医生的儿子林可胜的家中正藏着学贯中西的林语堂。于是,林可胜向父亲举荐了林语堂,而回报桑梓的愿望在这位"藏匿者"的心中扎根已久。林语堂回到了阔别七年的第二故乡——厦门。没想他一转身,一批大师便接踵而至,有文学家鲁迅、国学家沈兼士、古史专家顾颉刚、语言学家罗常培、哲学家张颐、中西交通史家张星烺、考古学家陈万里、编辑家孙伏园和作家章川岛等。这批名家的主体是北大的"语丝派"与北大的"现代评论派",他们的到来,让厦大文科盛况非凡,"一时颇有北大南迁的景象"。最直接的说法是"林语堂把半个北大搬到了厦大"。这批人的到来,让厦大国学院自创办之日起就处于很高的起点,而这种高起点、高标准对厦大的文科影响是十分深远的。1926年10月10日,厦大国学研究院成立,林语堂出任总秘书长。林语堂对厦大的重要贡献之一是把现代科学精神和态度带进国学研究,一扫"囫囵吞枣、不求甚解"的风气。当时,林语堂太太廖翠凤经常做好饭好菜请鲁迅等老师到家里改善生活。

但由于各种原因,1927年1月鲁迅先离开厦大,1927年3月林语堂随后离开,后任外交部秘书。1932年主编《论语》半月刊。1934年创办《人间世》。1935年创办《宇宙风》,提倡"以自我为中心,以闲适为格调"的小品文。1935年9月,林语堂创作的《吾国与吾民》在美国出版,短短四个月,该书重印七次,登上了畅销书排行榜。这本书描写的是有血有肉的中国人,让西方人看到了华夏大地五千年的悠久文化,林语堂将中国人最真实美好的一面展现在世人面前。接着这本书又被译成多国文字,畅销全世界。林语堂在西方世界出名了,赛珍珠邀请他赴美讲学,他决定举家迁美。1938年,林语堂开始用英文撰写《京华烟云》。为避开所有干扰专心创作,林语堂独自搬到城外的小木屋里住,翠凤每天给他送吃的,小心翼翼地避免打断丈夫的思绪。历经一年,总计70万字的长篇巨作终于完成,1939年9月此书由赛珍珠夫妇的约翰·黛公司出版发行,接着又被译成多国文字出版,仅抗战期间《京华烟云》在美国就销了25万本,被《时代周刊》誉为现代中国小说的经典之作。

1944年,林语堂曾一度回国到重庆讲学。1945年赴新加坡筹建南洋大学,任校长。1952年在美国与人创办《天风》杂志。1966年定居于与故乡漳州一水之隔的台湾。1967年受聘为香港中文大学研究教授。1975年被推举为国际笔会副会长。

1976年3月26日,林语堂于香港去世,四月移灵台北,埋葬于阳明山麓林家庭院后园,廖翠凤仍与他终日厮守。

第七节 新中国妇产科奠基人——林巧稚

中国有一位伟大的女性堪与南丁格尔媲美,她终身未婚,却拥有最丰富的母爱;她没有子女,却是最富有的母亲。她是东西方文化交融陶冶出的杰出女性,是母亲和婴儿的守护神,这个不曾做过母亲的伟大女性被人尊称为"东方圣母""万婴之母"。她就是林巧稚(1901年12月23日—1982年4月22日),中国现代妇产科的奠基人之一,中国科学院第一位女学部委员。

林巧稚大夫于1901年12月23日诞生在鼓浪屿日光岩下的一个基督教家庭,1906年,林巧稚的母亲因患子宫颈癌去世。母亲去世时的情景在林巧稚幼小的心灵中留下了无法磨灭的印象,从那时候起她决心学医,救苦救难。1908年,林巧稚上蒙学堂(女子小学校),之后,就读于鼓浪屿怀仁学校(鼓浪屿女子高中),后升入鼓浪屿高等女子师范学校,毕业后留校任教。1921年夏,林巧稚到上海报考北京协和医学院,在很重要的科目——英文考试现场遇到突发事件。一位女同学突然昏倒,林巧稚丢下还没有做完的考卷冲上去救护,结果女同学被顺利送至医院,安然无恙,但林巧稚却耽误了答卷的宝贵时间,交了未完成卷。她本以为事情就这样了,因英语考试不及格而落选,可结果让任何人都感到惊奇,她收到了录取通知书。监考老师提交了一份报告,告之原委,原来,主要由美籍教师组成的校方董事会被她的爱心行为所打动,予以优先录取。爱心惠人者必得恩惠,这是基督信仰的逻辑。

1929年,林巧稚以优异的成绩毕业,获得北京协和医学院医科学士及美国纽约州立大学医学博士学位。她同一届的学生入校有25人,而毕业仅有16人,林巧稚的成绩是这届毕业生中的第一名。她获得了协和的最高荣誉奖——"文海奖",并留在协和医学院任职。当时的聘书是这样写的:"兹聘请林巧稚女士任协和医院妇产科助理住院医师。聘期一年,月薪50元。聘任期间凡因结婚、怀孕、生育者,作自动解除聘约论。"林巧稚接过了妇产科主任马士敦签名的聘书,留在协和从事临床医学,意味着可能放弃婚姻和家庭。这一规定只限于女性。据说,国外的教会医院,也有相同的规定。说到底,每个人的生活方式都是自己选择的结果。它也许不是最好的选择,但那一定是最适合她个人的选择。

1932年,林巧稚获得了到英国伦敦医学院和曼彻斯特医学院进修深造的机会。1933年,她又到奥地利首都维也纳进行医学考察。1939年,她再次远渡重洋,到美国芝加哥医学院当研究生。1940年回国,不久升任妇产科主任,成为该院第一位中国籍女主任。

1949年北平解放前夕,林巧稚拒绝接受离开祖国的机票。她认定:"我是给同胞姐妹看病的,我是中国人,我要和我的事业共存。"中华人民共和国成立后,林巧稚对中国共产党领导的新中国感到欢欣鼓舞。她在短文《打开协和窗户看祖国》中写道:"协和的窗户打开了,竖起了五星红旗……我们为祖国伟大的进步感到光荣骄傲。"

她在产房里度过了50多个春秋,用一双灵巧的手,亲手迎接了5万多个小生命来到人间。许多父母感念她从死亡线上抢救出自己的婴儿,就给自己的孩子取名为"念林""爱林""敬林""仰林"等等。林巧稚说:要时刻想着病人,医生要为病人的幸福着想,这是我们做医生的天职。

从她的诊室和产房走出的,有国家领导人的夫人,如邓颖超、彭真夫人张洁清等;有外国使领馆的夫人;有文化界的学者名流,如冰心等;有社交界的名媛千金。当然,经她诊治痊愈的,更多的是那些普通的市民、农妇、女工。朱德夫人康克清写道:"林巧稚看病最大的特点,就是不论病人是高级干部还是贫苦农民,她都同样认真,同样负责。她是看病,不是看人。"

"她是看病,不是看人。"这就是林巧稚"有特别的吸引力"之处,这也是她赢得了无论是下层平民,还是社会上层一致敬重和好评的根本原因。林巧稚用她一生的社会实践凝结出"怀着非凡的爱,做平凡的事情"的警言,这是一句感动和温暖了世界的话语。

在工作之余,林巧稚是非常热爱生活的,她很爱美,最喜欢穿的衣服是旗袍,她的办公室里每天都有不同的鲜花。会工作更会生活,这或许是更真实的林巧稚。

　　1955年,她被推选为首届中国科学院学部委员,在当届是唯一的女学部委员。她历任北京协和医院妇产科主任、中国医学科学院副院长、北京妇产医院名誉院长、中国医学会妇产科学术委员会主任。她是第一届至第五届全国人大代表,第三届起当选为全国人大常务委员,还担任全国妇联副主席。20世纪50年代中后期,一些著名知识分子纷纷加入共产党。林巧稚对周恩来说,一个诚实的人不能欺骗组织,也不能欺骗自己,她是虔诚的基督徒,入党恐怕不便。周恩来宽慰她不必介意这个问题,在党外一样可以工作。林巧稚是中国现代妇产科学的主要奠基人之一。1965年,她主持中华医学会第一届妇产科学术会议。1974年,赴日内瓦出席世界卫生组织召开的医学顾问委员会会议。1978年12月,她和楚图南率领中国人民友好代表团赴西欧四国访问,在英国时患脑血栓,回国后便长一病不起,卧病榻。

　　她的老家福建派代表来医院看望她,她握着来人的手,向故乡人提出了最后的请求:"我是鼓浪屿的女儿,我常常在梦中回到故乡的海边,那海面真辽阔,那海水真蓝,真美……我死后想回到那里去。"

　　1983年4月22日,林巧稚在北京病逝,终年82岁。追悼会遗像两旁垂下4.5米高的幛联,上面写着:"创妇产事业,拓道、奠基、宏图、奋斗、奉献九窍丹心,春蚕丝吐尽,静悄悄长眠去;谋母儿健康,救死、扶伤、党业、民生,笑染千万白发,蜡炬泪成灰,光熠熠照人间。"

　　林巧稚把毕生精力无私地奉献给人民,是一位忠诚的爱国者、人民的科学家、医务界的楷模,是中华民族也是鼓浪屿的好女儿,是20世纪妇女的杰出代表。她一生没有自己的家庭,却使无数家庭幸福完满;她一生没有自己的儿女,却迎来了千千万万新的生命。

　　当她离开了这个世界,故乡的人记得她最后的心愿,故乡接回了自己的女儿。厦门市政府于1984年5月为她修建了一处占地5700平方米的典雅林园——毓园。毓园之"毓",就是培育养育之意,意为林巧稚博采西方先进的医学技术为祖国所用,又将自己取得的点滴成果无私地传给了学生,她是一位真正甘为人梯的导师,培育了无数的医学精英。

　　毓园中的林巧稚纪念馆展示了她平凡而又伟大的一生,她的一生,都奉献给了她的病人。纪念馆里的实物都是她生前用过的,照片是她学习、工作、生活和参加社会活动的记录。

　　毓园中还有林巧稚汉白玉全身塑像。一袭白衣的林巧稚大夫微微笑着,双手交握在身前,像伫立的守望,又像是忙碌后的小憩。1984年11月,邓颖超参观毓园,向林巧稚像敬献花圈,并在园中亲手种植了两株南洋杉,象征着林巧稚秀逸高洁的品格。

林巧稚汉白玉雕像

1988年4月4日,清明节,林巧稚的骨灰从北京八宝山革命公墓骨灰堂运抵鼓浪屿,一半撒在鼓浪屿周围的海域,一半安放在毓园林巧稚塑像后。这个为祖国奋斗了一辈子的鼓浪屿的优秀女儿,终于回到了故乡。她安息在宁静的毓园,日夜倾听着她所眷恋的天风海涛。

林巧稚,这位生命天使,这位获得千千万万妇女衷心爱戴的伟大中国女性的名字,将和她创建的事业一起永存!2009年9月14日,她被评为100位新中国成立以来感动中国人物之一。

2016年11月14日,复旦大学医院管理研究所发布了"2015年度中国最佳医院排行榜"。林巧稚生前工作了半个多世纪的北京协和医院连续第七年蝉联中国最佳医院综合排行榜榜首、最佳医院专科声誉排行榜榜首。

第八节 弘一法师与厦门情缘

一、生平简介

弘一法师(1880年10月23日—1942年10月13日),俗名李叔同,浙江平湖人,生于天津。弘一法师既是才气横溢的艺术教育家,也是一代高僧。他是"二十文章惊海内"的大师,集诗、词、书画、篆刻、音乐、戏剧、文学于一身,在多个领域,开中华灿烂文化艺术之先河。

他将中国古代的书法艺术推向了极致,"朴拙圆满,浑然天成",鲁迅、郭沫若等现代文化名人都以得到大师一幅字为无上荣耀。

他是第一个向中国传播西方音乐的先驱者,所创作的《送别歌》,历经几十年传唱经久不衰,成为经典名曲。李叔同的《送别歌》歌词是:长亭外,古道边,芳草碧连天。晚风拂柳笛声残,夕阳山外山。天之涯,地之角,知交半零落。一觚浊酒尽余欢,今宵别梦寒。

同时,他也是中国第一个开创裸体写生的教师。他以卓越的艺术造诣,先后培养出了名画家丰子恺、音乐家刘质平等一些文化名人。

他苦心向佛,过午不食,精研律学,弘扬佛法,普度众生出苦海,被佛门弟子奉为律宗第十一代世祖。他为世人留下了取之不尽的精神财富,他的一生充满了传奇色彩,他是中国绚丽至极归于平淡的典型人物。

太虚大师曾为赠偈:以教印心,以律严身,内外清净,菩提之因。

赵朴初先生评价大师的一生为:无尽奇珍供世眼,一轮圆月耀天心。

二、与厦门情缘

1918年,39岁的李叔同在杭州虎跑寺出家,法名演音,号弘一。

1. 一到厦门

1928年11月,弘一法师在沪,与尤雪行、谢国梁两位居士同去暹罗,船经厦门,与厦门士绅陈敬贤结缘,由陈介绍挂单南普陀寺。这是弘一大师第一次落迹南闽。1929年4月,自厦门回温州。

2. 二到厦门

1929年9月,弘一法师自温州到上虞白马湖晤夏丏尊。时夏丏尊、刘质平等为师集资建筑之"晚晴山房"落成,这是初度驻锡此间。10月,由温州至厦门,岁底,与太虚大师同去南安小雪峰寺渡岁,此为大师第二次到闽南。

1930年,正月自小雪峰寺,至泉州承天寺驻锡,四月,离闽南,回浙江;五月,至白马湖,居于"晚晴山房"。

三、三到厦门

1932年春、夏、秋三季,弘一法师云水浙东沿海各地。8月,至白马湖,居法界寺,染伤寒,病愈。11月自上海到厦门,挂单万寿岩,与性常法师结法侣之缘,此为第三次去闽南,自此定居。

四、长居闽南

1936年正月,弘一法师从晋江草庵扶病到厦门疗养,病中在南普陀养正院讲学。五月,病愈移居鼓浪屿日光岩闭关。十二月,离日光岩,回南普陀寺后山安居。

1937年二月,弘一法师在南普陀寺佛教养正院,讲《南闽十年之梦影》。其间应邀赴青岛,九月回厦门后,厦门面临战火威胁,师发愿与危城共存亡,除非厦门解厄不它行。直到岁底,始去泉州草庵。常书"念佛不忘救国,救国必须念佛"两句,并解释说:"佛者觉也。觉了真理,乃能誓舍身命,牺牲一切,勇猛精进,救护国家。是故救国必须念佛。"

弘一法师

1937年3月,厦门当局准备召开第一届运动会,有人建议请法师作会歌,一向不喜应酬的弘一法师慨然答应,亲作词曲,充满爱国激情,《运动会歌》曰:"禾山苍苍,鹭水荡荡,国旗遍飘扬!健儿身手,各献所长,大家图自强。你看那,外来敌,多么披猖!请大家,想想,请大家想想,切勿再彷徨。请大家在领袖领导之下,把国事担当。到那时,饮黄龙,为民族争光;到那时,饮黄龙,为民族争光!"

1938年正月至四月,弘一法师在泉州、惠安、鼓浪屿弘法,写字结缘。厦门沦陷前四天(阳历5月8日),受漳州(龙溪)佛教界之请,去漳州弘法,得免陷于危城,但却因此羁于漳州,直到十月,由性常法师接回泉州。

1942年九月初四(阳历10月13日)下午8点,又胁而卧,安详圆寂于泉州温陵养老院"晚晴室",临终前留绝笔"悲欣交集"。

其灵骨塔于民国三十五年(公元1946年)以后分建于杭州虎跑寺及泉州清源山弥陀岩。

第九节 蒋介石与厦门

一、1919年6月4日第一次来鼓浪屿

蒋介石在鸡母山麓租了一幢房子E245号别墅（即鸡山路3号附近），派人接来妻子毛福梅，于此闲居三个多月，饱览鹭岛山水，9月27日，蒋介石辞去粤军军职，带领家眷离鼓赴上海。

二、二到鼓浪屿

1920年，在孙中山力劝之下，蒋介石同意回粤军中任职，4月11日抵漳州，在司令部住了四天，4月15日又避居鼓浪屿，住了6天，才离开返沪。

三、三到鼓浪屿

1920年7月上旬至1923年元旦期间，蒋介石多次居住在鼓浪屿，据厦门方志专家洪卜仁考证，他住在浙江同乡徐桴开的龙头路码头海边"厦门酒店"。可以说鼓浪屿是蒋介石发迹前的蛰伏地，是他走向中国军事、政治高端的一块跳板。

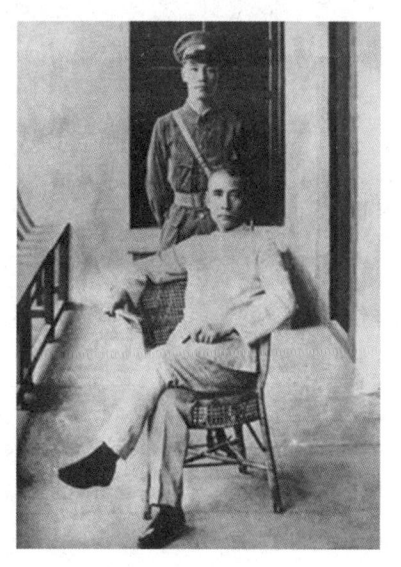

蒋介石与孙中山

四、四到鼓浪屿

1949年7月22日，蒋介石重返鼓浪屿原拟住西林别墅，后改住黄家花

园。7月23日离厦。

五、最后一次到厦门

1949年10月7日,蒋介石乘专轮经20小时从台湾亲莅厦门前线。此次未到鼓浪屿,只在厦门今双十中学前汤恩伯总部召集会议。10月8日离厦。

第四章
厦门名人（下）
——音乐名人

第一节 中国现代音乐事业先驱者——周淑安

周淑安（1894年5月4日—1974年1月5日）是我国现代音乐事业的先驱者，是中国现代第一位专业声乐教育家、第一位合唱女指挥家、第一位女作曲家。

周淑安

一、从小显露音乐天赋

周淑安出生在鼓浪屿一个书香门第的基督教家庭。她的大哥周森友是留美医学博士；二哥周辨明博士是著名的语言学家，留学美、英、德等国，曾任厦门大学文学院院长、教务长，1949年定居新加坡。周淑安在孩童时代便显露了音乐天赋，1907年考入鼓浪屿女子师范学校。1908年10月30日，美国舰队访问厦门一周，14岁的周淑安在招待会上领唱美国国歌，大受美国舰队司令额墨利的赞赏，他说："就是美国小孩，也很少能唱得这么好。"并当场邀请她日后有机会到美国去留学。

1912年，周淑安前往特别重视音乐教育的上海中西女塾读书，1914年参加清华大学招考的第一届女子公费留学生并顺利考上，成为我国第一批

10 名公费留美女学生之一。

二、负笈美国，发奋学习

1914年夏，周淑安赴美，主修美术、音乐、语言，1919年获哈佛大学学士学位。1919—1920年，她又到纽约音乐学院进修声乐。1920年秋，回上海与中国第一位公共卫生专家胡宣明博士结婚。1923—1925年间，周淑安在上海师从一位俄罗斯歌剧演唱家进修声乐，并在中西女塾任音乐教员。1925—1927年，周淑安回到故乡，任厦门大学音乐研究员兼合唱指挥，成为厦门大学历史上最早的音乐教师。1927年秋，周淑安带着4岁的儿子，到美国与先期赴美进修的丈夫团聚，并在著名的巴尔的摩德匹巴底音乐学院，师从意大利著名声乐家、声乐系主任米涅蒂进修声乐。1928年回国，胡宣明在上海医学院任教授，周淑安在家里私人教授音乐，并兼任母校中西女塾的合唱指挥。

三、任教上海国立音专

1927年，著名的音乐教育家肖友梅（1884—1940年）在蔡元培等人的支持下，于上海创办了中国第一所音乐院——国立音乐院（后改名为国立音专）。1928年，肖友梅聘请周淑安任声乐组主任。周淑安以极大的热情，超负荷地工作着。她除了教声乐主科外，还担任合唱指挥和指导视唱练耳，举办音乐会时，还给独唱的学生作钢琴伴奏。

可以说，周淑安与肖友梅、黄自等音乐家，共同缔造了中国第一所高等音乐学府——上海音乐学院，并为它的发展壮大奠定了坚实的基础。

四、创作歌曲，抗日爱国

周淑安创作了抗日歌曲《抗日歌》、《同胞们》、《不买日货》、合唱曲《呜、呜、呜！》等。

五、任教沈阳音乐学院

1959年，周淑安被沈阳音乐学院聘为声乐教授，并任辽宁省政协委员。1965年，其丈夫胡宣明逝世。"文革"期间，周淑安受到冲击。1970年回到上海，1974年去世。

六、桃李无言，下自成蹊

她培养了许多杰出的歌唱家、音乐家，新中国前后著名的中国声乐界四大名旦，就有三人是她的学生——喻宜萱、张权、郎毓秀；著名音乐家胡然、孙德志、吕骥、洪达琦、劳景贤、唐荣枚、陈玠、江桦等均曾就学于她的门下。她的品格，她的学识，她的事业，她的风范，在她一代代学生中延续、薪传、发扬光大……

第二节　稀世俊杰、德艺双馨——林俊卿

林俊卿（1914年4月28日—2000年7月12日）是我国著名医学家、歌唱家、声乐家。

林俊卿

一、兴趣广泛，多才多艺

林俊卿于1914年出生于鼓浪屿漳州路48号。其父林谨生毕业于上海圣约翰大学，之后赴美深造获双博士学位，回国后在厦门从医。其母廖翠绸是林语堂夫人廖翠凤的堂姐，虔诚的基督教徒，经常在鼓浪屿教学唱圣诗。少年时代的林俊卿兴趣广泛，擅长音乐、绘画、木工、网球、象棋、桥牌、养鸽子、种仙人球、制作各式点心。

二、医学博士，学习音乐

1935年，林俊卿毕业于金陵大学理学系医学选修科。1940年获北京协和医学院医学博士学位。1941年后跟意大利音乐家学声乐。

三、声乐明星，大放异彩

1953年，林俊卿应文化部之邀参加中国艺术团在国外的演唱，在苏联、罗马尼亚、波兰及东德的公演中，他的《费加罗的咏叹调》《海上霸王》等受到狂热的拥戴。

四、研究咽音，起衰振敝

文化部想让林专门从事嗓音研究，报请周总理同意，于1957年在上海成立声乐研究所，由林任所长，是中国音协第二、三届理事。

林俊卿对"咽音"练声法进行系统的研究，摸索出一套以"咽音"为基础的练声体系，著有《歌唱发音的机能状态》《歌唱发音不正确的原因及纠正方法》《歌唱发音的科学基础》等。

第三节 钢琴大师——殷承宗

殷承宗(1941年12月3日—)，著名钢琴家，钢琴协奏曲《黄河》的主创者。

一、与钢琴结缘

1941年12月3日，殷承宗出生在鼓浪屿。他从小出入教堂，唱赞美诗，音乐和钢琴成了他相伴一生的至爱。1950年在鼓浪屿毓德女校的礼堂举办个人独奏音乐会。

二、求学之路

1954年夏天，殷承宗到上海并报考了上海音乐学院附中。报考的考生共有2000多人，但只录取40名，他以第一名98分的成绩考上。当时报考前，他要错了招生简章，要了一个考大学的简章，因此全部按大学的要求去练习。

1958年，殷承宗到罗马尼亚参加比赛，由于第一次参赛没有经验而落选了。但他并不气馁，认为："比赛得奖满载而归，比赛不得奖也可以满载而归。因为我觉得一个是可以激励你，另一个我觉得我还是学到了东西。后来我几次比赛得奖的时候，因为自己一直要练，而且一直到最后一轮，我听不到其他选手的演奏,我就没有学习的机会,所以我说,要没有第一次的失败,也不会有第二次的成功。"

1960年,殷承宗以交换学生的身份赴苏联奥德萨音乐学院学习,3个月后,转入彼得格勒音乐学院继续跟随克拉芙琴珂学习。

1962年,克拉芙琴珂让殷承宗参加世界乐坛瞩目的第二届柴可夫斯基钢琴比赛,获得了第二名。评委们的评语是:"殷承宗对音乐有着深刻的理解和无懈可击的技巧。"当时郑小瑛也在莫斯科,见证了这次的获奖。

三、为钢琴找出路

由于中苏关系恶化,殷承宗于1963年回国,回到北京中央音乐学院继续他的学业。回来后,他才知道在音乐领域已经有了很多限制,连钢琴也不能弹了,在这种情况下,他必须学点民族的东西,为钢琴找条出路。殷承宗毕业后分配到中央乐团担任钢琴独奏,他后来带了一个创作组创作出了轰动全国的钢琴伴奏《红灯记》。

四、创作钢琴协奏曲《黄河》

创作小组由殷承宗、储望华、盛礼洪,再加上殷承宗的一个学生许斐星作为秘书组成,由中央乐团的军代表带领殷承宗等人到黄河去体验生活。深入生活之后回到北京开始写作,他们决定用组曲的方式一段一段地写,最后分成《黄河船夫曲》《黄河颂》《黄河愤》《保卫黄河》。

1970年2月,中央政治局在人大小礼堂审查《黄河》。那一天殷承宗非常激动,他还记得在弹第四段"保卫黄河"时,周总理一直在那里打拍子。1970年5月1日,"黄河"在民族文化宫正式演出。这部钢琴协奏曲能受到各国的普遍欢迎,在三十几年内演出500多场,让中国钢琴艺术走向世界,殷承宗的贡献功不可没。

演奏钢琴协奏曲"黄河"

五、走出国门

"第一步走出鼓浪屿,第二步走出国门。一个家门,一个国门,这个对我的艺术都是具有决定性的。"1983年3月,他经香港到了美国。1983年9月28日,殷承宗在纽约卡内基大厅举行了他的首次独奏音乐会。《纽约时报》的评论称赞他:"借着那台异常明亮的斯坦威琴,殷承宗在贝多芬和李斯特的曲子中展现出的超人力度和速度,证明他堪与第一流钢琴家并驾齐驱。"

随后,殷承宗到美国大大小小的城市巡回演出了上百场,并到俄国、加拿大、英国、新加坡、韩国、菲律宾和中国香港、台湾地区演出。

六、情归故土

"我觉得鼓浪屿对我来说意义非常大,从这儿出去,走到哪儿我都不会忘。"

1993年,应中央电视台的邀请,殷承宗在阔别祖国十年之后第一次回国,并受到热烈欢迎。此后,殷承宗每年都会回国两三次,为祖国钢琴艺术的发展奔忙着,同时也为故乡的音乐发展费尽心力。

2002年10月,第四届柴可夫斯基国际青少年音乐比赛在厦门举办,殷承宗功不可没。作为评审委员会主席,他邀请了一大批重量级评委到厦门。整个赛事获得很大成功。

殷承宗

如今,年过八旬的殷承宗还在努力着,为了钢琴事业……

第四节　行吟四海、钢琴大师——许斐平

许斐平(1952年7月20日—2001年11月27日),钢琴大师。

一、钢琴神童

许斐平于1952年7月20日出生于鼓浪屿的一个音乐世家,他聪颖文静,从小酷爱音乐,对音乐有着特殊的接受力和惊人的理解力。他五岁就开始学习钢琴,六岁时就能在鼓浪屿三一堂举行钢琴公开演奏。

二、音乐之路

1959年,上海音乐学院到鼓浪屿招生,八岁的许斐平弹奏了肖邦的《降大调华丽大圆舞曲》,著名钢琴教育家李嘉禄教授听了非常高兴,于是斐平便在母亲的陪同下,来到上海音乐学院附属小学,师从范继森教授。

许斐平的年纪虽小,但由于他聪明好学,加上得到范继森教授的亲自授课和无微不至的关怀,演奏技巧进步神速。12岁就能弹奏肖邦的全部练习曲,许斐平也因此被音乐界专家称为"中国音乐神童"。

三、赴美深造

1979年,许斐平以优异的成绩被著名的美国伊斯特曼音乐学院录取,

并获得了全额奖学金,师从大卫·布尔格。1980年,到纽约茱莉亚音乐学院随沙斯查·洛尼斯教授学习。1982年获茱莉亚音乐学院珍娜·巴候雅图钢琴比赛金奖、玛利兰大学国际钢琴比赛奖项。1983年摘取了第四届鲁宾斯坦国际钢琴大师比赛金奖,成为第二位获此殊荣的华人钢琴家。

四、享誉四海

一向以"门槛极高"而著称的纽约林肯中心和音乐家艺术造诣重要标志的音乐圣殿卡内基音乐厅为许斐平敞开了大门。许斐平还在多少音乐家拼搏终身、希图一进的华盛顿肯尼迪中心举办了他的钢琴演奏会,音乐会每张75美元的门票全部售光。

许斐平还多次与中国交响乐团、上海交响乐团、莫斯科交响乐团和香港管弦乐团合作,这一切,奠定了他作为世界级浪漫派钢琴家的地位。

许斐平

五、情归故里

2001年许斐平回到自己曾经就读过的鼓浪屿人民小学,当时还回到鼓浪屿家中坐在小时候弹过的钢琴前回忆往事。2001年3月份,许斐平在爱乐乐团第四个音乐季的时候回乡举办协奏曲音乐会。音乐会上,故乡的人民被这位艺术家的精湛艺术折服了。协奏音乐会在多次谢幕加演节目中圆满的结束。

六、巨星陨落

2001年11月27日晚,许斐平在哈尔滨演出后,连夜驱车前往齐齐哈尔,途中不幸发生车祸,所乘车辆与来车迎头相撞,许斐平与同车另外三人因伤势过重,在送院途中不治身亡,享年 49 岁。

厦门市文化局原局长、厦门文史专家彭一万说:"斐平没有死,他永远活在我的心中;斐平没有死,他迈着矫健的步伐,行吟四海去了;斐平没有死,他正在天国微笑;斐平没有死,他指尖下流淌的旋律,在我的耳际回响……"

第五节　许兴艾

许兴艾(1976 年 11 月 22 日——　),著名钢琴家,鼓浪屿人,3 岁随父亲许斐星和母亲刘锦媛学琴。4 岁在鼓浪屿三一堂做首次演出,并取得意外的成功。后师从其叔许斐平。8 岁时随父母移民美国,12 岁即在纽约林肯中心演出。1995 年,荣获美国总统青年艺术学者金奖,进入茱丽亚音乐学院学习。1996 年荣获威廉卡培尔国际钢琴大赛(号称钢琴奥运会)第二名;1997 年荣获世界钢琴大赛吉尔莫青年钢琴家奖;1999 年荣获茱丽亚音乐学院钢琴最高荣誉奖——帕茨切克奖(许兴艾成为获此奖最年轻者)。

1999 年,许兴艾从茱丽娅音乐学院毕业,马上获得 6 万美元的美国索罗斯研究生奖学金大奖,被耶鲁大学音乐学院录取攻读音乐学硕士;2001 年夏毕业,获硕士学位。

许兴艾获得 2000 年"全美杰出人才奖",获美国耶鲁大学校长理查德·雷文博士亲自颁奖。

许兴艾与叔叔许斐平在自己的演出海报旁合影

许兴艾的音乐活动频繁,足迹遍布全球,得到的奖牌不计其数,荣誉无远弗届。

2000年5月间,她回到故乡,5月8日在鼓浪屿音乐厅举行钢琴独奏音乐会,这是她成名后第一次回故乡演出。

许斐平逝世后,许兴艾撰文纪念,称其叔叔"实实在在地在世间烙下了一道无比绚丽的光彩",表示要学习叔叔德艺双馨、热爱家乡的精神品格。

2002年11月23日,她特地回到故乡,参加彭一万所主编的《许斐平纪念文集》首发式,并与厦门爱乐乐团合作,举办纪念叔叔逝世一周年的"永远的怀念——许兴艾钢琴独奏音乐会"。

2004年7—8月间,厦门市举办第二届鼓浪屿钢琴节,许兴艾应邀回乡参演。

此后,她在美国的近20个州留下了演出的足迹,在英国、法国、捷克、丹麦、日本等国家都举办过音乐会。目前,她在美国科罗拉多大学任现代音乐活动艺术主任、教授,还应邀在多个美国和国际钢琴比赛中担任评委。

第六节　音乐艺术常青树——郑小瑛

郑小瑛(1929年9月27日——　),福建永定人,新中国成立后第一位交响乐女指挥家。郑小瑛6岁学习钢琴,14岁登台演出。1952年在中央音乐学院学习作曲,并向苏联专家学习合唱指挥。1960—1963年去莫斯科音乐学院学习,回国后曾在中央音乐学院指挥系任教,任指挥系主任,后调中央歌剧院任乐队首席指挥,是中国第一位交响乐女指挥家,曾任《爱乐女》乐团的艺术总监。

郑小瑛教授

1998年9月,郑小瑛创办我国第一个由政府扶持、总监负责制的职业交响乐团,厦门爱乐乐团,被聘为首任艺术总监、首席指挥,并任中国音乐家协会常务理事。

作为中国第一女指挥家,她的突出贡献还体现在致力于高雅音乐的普及工作,她多年来兢兢业业地默默奉献着她的才华和学识,为提高中国人的音乐修养,做着春雨润物般的音乐普及工作……

多年来,爱乐乐团始终坚持"周末交响"的定期音乐会,在已经完成的15个音乐季里,与500多位客席音乐家合作,已在国内外80多个城市进行了巡回演出,为听众带去了近1200场古今中外精彩的经典交响音乐会。乐团为传播高雅音乐、提升市民的音乐素养做出了不懈的努力,取得了厦门人民的喜爱和认同,也荣获了"全国先进社会组织"以及福建省和厦门市政府颁发的20多个奖项,被誉为厦门的"烫金城市名片"。

爱乐乐团拥有一部中国交响乐坛的优秀新作:刘湲作曲、荣获首届中国音乐"金钟奖"唯一金奖的交响诗篇《土楼回响》,可以向世人展示中国交响乐事业的发展现状。

近80人的厦门爱乐乐团年轻精干,演奏水平已达国内上乘,敬业精神屡受好评。现在它还是我国唯一不占国家编制、接受政府和社会各界的捐赠、实行总监负责制的"民办公助"交响乐团。爱乐乐团是一个正在崛起的新型中国职业乐团。

在15年的辛勤耕耘后,2013年10月,郑小瑛将乐团艺术总监、首席指挥的接力棒传给了我国著名的指挥家傅人长。

郑小瑛最大愿望是:"阳春白雪和者日众。"

郑小瑛在青海湖边

第七节　著名指挥家——陈佐湟

陈佐湟是新中国第一位音乐艺术博士,中国交响乐团第一位艺术总监,第一个在我国引进"音乐季"的人,中国交响乐改革第一人。

1947年,陈佐湟生于中国上海。1950年,其父亲陈汝惠受聘于厦门大学,全家迁居鼓浪屿,陈佐湟就读于厦师附小,受鼓浪屿音乐氛围熏陶而走上音乐之路。1966年毕业于中央音乐学院附中钢琴专业,恢复高考即考上中央音乐学院指挥系;1981年毕业,获硕士学位。1981年夏,应著名指挥家小泽征尔(Seiji Ozawa)先生之邀,陈佐湟赴美国著名的坦格乌德音乐中心(Tanglewood Music Centre)及密歇根(Michigan)大学音乐学院学习。1982年获音乐硕士学位。1985年获密歇根大学(University of Michigan)颁发的第一个乐队指挥音乐艺术博士学位,成为新中国第一个音乐艺术博士。

1985—1987年,陈佐湟在美国堪萨斯(kansas)大学艺术学院任指挥副教授,其间获荣誉教授称号。1987年,陈佐湟担任中国中央乐团指挥,并带领乐团赴美国纽约、华盛顿、芝加哥、旧金山、洛杉矶等24个城市进行了历史性访问演出。乐团的音乐会获得了极大成功,并引起轰动,受到美国听众及乐评家们的一致赞赏。

1990—2000年,陈佐湟被聘为美国威切塔交响乐团(the Witchita Symphony Orchestra)音乐总监及指挥。1992年至1996年,陈佐湟又兼任美国罗得岛州爱乐乐团(the Rhode Island Philharmonic Orchestra)音乐总监和指挥。其间,陈多次获得堪萨斯州和罗德岛(Rhode Island)州州长艺术奖和嘉奖令,深受乐队音乐家们和听众的赞赏和敬重。

1996—2000年,陈佐湟在原中央乐团的基础上组建中国交响乐团,并担任中国交响乐团首任艺术总监。中国交响乐团实行了国际上职业乐团通用的音乐季演出制,取得了很大的成功。

2002年5月,厦门举办鼓浪屿钢琴节,他应邀回到故乡,指挥艺术节开幕音乐会。

陈佐湟博士

2004年,以上海广播交响乐团组建成立上海爱乐乐团,陈佐湟出任艺术总监。乐团立足上海,服务全国,放眼全球。

2008年受聘国家大剧院首任音乐艺术总监。

在多年的国际音乐活动中,陈佐湟热情、严谨、富有魅力的指挥艺术受到各国听众及音乐家们的赞赏和好评,他向世界各国听众推荐中国交响乐新作及演奏演唱新人的不懈努力,亦获得人们的普遍敬重和赞扬。

第八节 一世琴缘、毕生乡情——胡友义

胡友义(1936年11月15日—2013年07月12日),作为一位著名的钢琴家、世界知名的艺术品收藏家,2000年,胡友义倾资创建了中国第一个、亚洲最大、世界一流的钢琴博物馆——鼓浪屿钢琴博物馆。2005年他又创建了国内唯一、世界最大的鼓浪屿风琴博物馆。2003年,胡友义成为"感动厦门十位人物"之一,并被授予"厦门荣誉市民"称号,受到江泽民的接见。

1936年,胡友义出生在鼓浪屿。胡友义的父亲胡德开爱好音乐,母亲林碧玉是台北茶叶巨商的爱女,从小饱读诗书又诚奉基督教,喜欢唱歌、弹琴,出嫁时娘家就陪送了风琴。

耳濡目染,胡友义从小与音乐结下不解之缘。父亲为他买来一架钢琴,请名师洪永铭、庐宗奕、杨心斐教他弹奏。十多岁时,又送他到上海音乐学院就读,师从钢琴教育家李嘉禄、大提琴家陈鼎新教授等名师。20世纪60年代开始,胡友义到香港教授钢琴和演出。1965年,他获得比利时政府提供的全额奖学金,赴布鲁塞尔皇家音乐学院学习,主修管风琴和钢琴演奏艺术。

在留学的日子里,胡友义成了学院附近的乐器博物馆的常客,并为古钢琴散发出来的艺术魅力和历史底蕴所倾倒,因此萌发了收藏古钢琴的念头。

1974年,胡友义先生偕夫人移居澳大利亚。独特的历史渊源使澳大利亚成了多种文化艺术交融的地方,拥有丰富的文化遗产。经济和环境上的允许,更重要的是对古钢琴的那份痴迷,胡友义开始收藏世界各国的古钢琴珍品,而且一干就是几十载。

从收藏的那一天起,胡友义先生就不仅仅把钢琴当成一种乐器、一种家具,而是他生命中不可或缺的一部分,往往为一架钢琴夜不能寐、食无肉味。每一架古钢琴的收藏和保养都耗费了胡先生的心血和汗水,每一架古钢琴都有一段动人的故事。比如,科勒德钢琴是施密特老太太二战期间从英国带到澳大利亚的传家之宝。1988年,施密特老太太80多岁了,孤身一人,要搬到老人公寓居住。公寓放不下这台钢琴,老太太又不想让钢琴流落别处。经修琴专家介绍,老太太像相亲一般,通过多条渠道了解胡先生其人,又亲自跑到"胡氏山庄"去考察,经过半年的反复考虑,才恋恋不舍地将钢琴卖给了胡先生。临到要搬走钢琴的那一天,老太太竟抚琴痛哭,其情其景让搬运工人和胡先生也感伤流泪。

从此,胡友义的大名在澳大利亚传开了,获得了"钢琴人"的雅号。

胡友义先生

又如有一台1866年美国制作的齐克领钢琴,是世界上最大、音量最响的四角钢琴,当年美国总统林肯所使用的钢琴就是这种品牌。由于体积过大,不适合家庭使用,1880年之后,这种钢琴就不再生产,仅存的琴就成为稀世珍宝了。恰巧,澳大利亚一位有英国贵族血统的富人,拥有一台齐克领钢琴。他去世之后无人继承财产,这台钢琴被拿到拍卖会拍卖。胡友义先生以相当于一栋二百平方米的房子外加一座花园的代价,把这台钢琴买了下来。

澳大利亚墨尔本"胡氏山庄"的藏品主要收集地在"世外桃源"澳洲,来自世界各地的名琴无形中得到最好的保护;加上胡先生游历了世界各国,能以开阔的胸怀、广博的见识来取舍搜集收藏古钢琴孤品、绝品、极品,自然不同凡响,品位极高。这些钢琴,说一台台价值连城,并非过誉。

身居海外,但胡友义心里时时涌动的是那份浓浓的乡情。"当年吴仪部长握着我的手,希望我能为祖国文化事业多做一些事,我就动了回国建博物馆的念头。"

思国心切,胡友义立即着手筹备建设钢琴博物馆相关事宜。1998年底,他考察了鼓浪屿区政府提供的几个地点,最终选择了菽庄花园的听涛轩。1999年10月,首批30台钢琴起程从澳大利亚运往厦门,历时一个多月,于12月20日运抵菽庄花园。2000年元月8日,鼓浪屿钢琴博物馆正式开馆揭幕。

"钢琴就像我的孩子一样。"当最后一架钢琴从胡友义家搬出运到鼓浪屿钢琴博物馆,他也曾有过伤感。但是,鼓浪屿是胡友义生命的摇篮,他说:"把珍藏的钢琴放在鼓浪屿,就像是把心爱的东西带回家里一样,总让人放心。"

每每回到鼓浪屿,胡友义和他的妻子黄玉莲便会感到特别的亲切与美好。他俩就是在菽庄花园的桥上情窦初开,开始了那段令人羡慕的爱情故事。或许这正是胡先生把钢琴博物馆选在菽庄听涛轩的原因之一吧!

"不论在世界任何地方,鼓浪屿都是我永远的故乡。我把我毕生收藏的钢琴放在这里展览,是将自己最珍爱的东西搬回家。"

2001年11月15日,第二批钢琴40架运抵鼓浪屿。如今鼓浪屿钢琴博物馆已成为亚洲最大的钢琴博物馆,一期馆与二期馆共收藏胡友义先生分两次运回国的70架古钢琴。

人们都说,鼓浪屿钢琴博物馆珍藏的钢琴价值连城;而胡友义的爱乡之心,更是无价之宝!提起胡友义,澳大利亚著名钢琴家杰弗里·托萨说:"我以我的朋友为荣,他把一份最特殊的礼物献给了中国!"胡友义的母亲说:"我儿子做了一件最了不起的事,把自己的宝贝都送给了家乡,我为此感到骄傲!"

胡友义先生对鼓浪屿充满了热爱和眷恋,他对鼓浪屿的发展规划、环境保护、基础设施建设、申报世界文化遗产等多方面的工作都极为关心,给予了许多指导，提出了许多宝贵建议。

2013年7月，他在弥留之际还念念不忘地叮嘱，要加强鼓浪屿的综合整治，加强鼓浪屿的艺术教育，要让鼓浪屿回归高尚、优雅、精致。他为鼓浪屿耗尽了毕生的心血，直到生命的最后一刻。

旅居海外半个多世纪，他叮嘱夫人，"一定要把我的骨灰撒进鼓浪屿的大海，我想回家"。"我一生最骄傲的事就是出生在鼓浪屿。下辈子，鼓浪屿还是我永远热爱的故乡，我还要当鼓浪屿人。"

2013年8月11日，厦门荣誉市民、著名钢琴和风琴收藏家、鼓浪屿钢琴博物馆和风琴博物馆的捐赠者胡友义先生终于回到了故乡，长眠在他深爱的鼓浪屿。清晨7点30分，在《鼓浪屿之波》和牧师的祷告中，胡友义先生的遗孀和亲友将胡先生的骨灰撒进了鼓浪屿菽庄花园附近的海域。至此，胡友义先生完成了他生前的遗愿——落叶归根，魂归琴岛。胡友义先生也永远地融进了鼓浪屿的波涛，永远依偎安息在鼓浪屿母亲的怀抱中。

原鼓浪屿管委会主任曹放表示："胡友义先生与世长辞，使我们失去了一位杰出的爱国华人，失去了一位卓越的艺术家，失去了一位令人敬仰的长者。鼓浪屿人民将永远怀念胡友义先生！胡友义先生的英名，将永远镌刻在鼓浪屿的史册上！"

斯人已逝，长留琴音在琴岛！

鼓浪屿钢琴博物馆

◆ 第五章 ◆
厦门美食

古语说"民以食为天",今人说旅游六要素是"食住行游购娱","食"依然排在第一位,美食对游客有着极大的吸引力。以厦门菜为代表之一的闽菜是中国八大菜系之一,以蒸、煎、炒、爆、炸、焖为主要烹制手段,具有清、鲜、淡、脆且带微辣的独特风味,尤以海鲜及风味小吃著称。

第一节　风味小吃

厦门的风味小吃久负盛名,发展至今已有200余种。其中尤以咸食的烧肉粽、鱼丸汤、沙茶面、虾面、薄饼、芋包、韭菜盒、土笋冻、油葱粿、炒粿条,甜食的花生汤、圆仔汤、贡糖夹饼、炸枣等最为长盛不衰。

1.沙茶面

传说18世纪末的厦门,南普陀山脚下住着一户人家,世代以捕鱼为生。父亲早逝,儿子和母亲相依为命,小小的肩膀早早地担起了一切。不幸,一场飓风卷走正在打鱼的儿子,自此十年,杳无音信,绝望的母亲哭瞎双眼,味蕾尽失!

幸运的儿子被一艘印尼商船救起,在船上当厨工。他发现印尼人煮肉都喜欢下一种叫沙茶的粉末,这样煮的肉色香味俱全!他心想要是能回家,一定给母亲煮这样的肉吃!10年后,年轻人终于随船回到了厦门,看到枯瘦苍老的母亲,儿子心如刀割,决定要好好地孝顺母亲!

虽然儿子精心照料,母亲却依然毫无味觉。一日,他买来母亲最爱的花生,将花生研磨成粉,加入骨汤做的面条里,母亲吃了一口竟然说:"味道好淡啊!"儿子欣喜若狂,去拿盐巴,发现盐巴用光,情急之下翻到从印尼带回的沙茶粉,于是,用它代替盐巴往面条上洒了些许。不料,母亲边吃面条边说:"这是什么啊?太好吃了!"儿子凑近这碗面一闻,果然浓香四溢。从此母亲的味觉竟恢复了。

后来,为了生计,年轻人把煮好的沙茶面挑到码头和渔民交换一些日用品和鱼,渐渐地越来越多的船为了这碗闻名乡里的沙茶面而停靠!时至今日,这碗为孝心而诞生的沙茶面,已经成为厦门小吃的代名词,是厦门人及外来游客追捧的最具特色的厦门风味小吃。

沙茶又称为"沙茶酱",其色作金黄,味道微辣而香,乃以多种配料精制而成,如花生、黄姜、椰仁香草、辣椒、丁香、陈皮、胡椒等等,据说共有三十余种香酥之物,将这原料细细研磨,再加油、盐熬煮,得到沙茶酱,其质鲜而稠,味香辣而浓郁。古早时,"沙茶"原为"沙嗲",因为"嗲"与"爹"谐音,故而用"茶"字代替。

沙茶面

沙茶面可算是当今厦门最大众化的小吃了,也是福建著名小吃,就好比西安的凉皮、武汉的热干面一样,无论闹市或深巷,几乎无处不有。

特别推荐:四里沙茶面;民族路60号的乌糖沙茶面;八市的友生沙茶面。

2. 土笋冻

土笋冻的主要材料是土笋,"土笋"是一种环节动物,学名叫"可口革囊星虫",长5~8厘米。明朝屠本畯《闽中海错疏》中写道:"其形如笋而小,生江中,形丑味甘,一名土笋。"清朝同治年间,任福建布政司的河南人周亮工在《闽小记》中写道:"予在闽常食土笋冻,味甘鲜美,但闻其生在海滨,形类蚯蚓。"厦门沿海盛产"土笋",熬制土笋历史悠久,先得将土笋腹部压破,再将肚内泥浆洗涤干净,而后和清水熬煮。它身上的胶质溶化水中,冷却后凝固成一块块玲珑剔透的小圆块,即为土笋冻。吃起来口感QQ弹弹,清凉爽滑。

土笋冻

土笋冻不仅成为厦门的著名小吃,而且不少酒家都将其作为宴席中的首道冷拼盘菜的主要品种端出,更是厦门国宾馆接待国内外领导必有的一道菜,使食客胃口大开。

特别推荐老字号:天河西门土笋冻,位于斗西路33号(靠近中山公园西门)。这家土笋冻是廖家父亲从肩挑担子卖起的,有70多年的历史。因为他总是在中山公园西门的位置摆摊,所以大家习惯性地把他的土笋冻叫作西门土笋冻,等他老了开店时,自然就用了这个名称做店名。

3.虾面

虾面的主料是虾和面,然而妙处却不在虾,也不在面,而在汤。虾汤的熬法是非常讲究的,必须是当天新鲜熬制,先把虾去壳煮熟,捞起虾仁,再用这汤熬虾壳,熬了第一遍后,把虾壳过滤出来,捣碎,掺上冰糖再熬。然后和上熬过的猪骨头汤,撒上葱花、蒜末,方才成为虾面汤头。食时,将面搅熟,捞置碗中,放上几条煮熟的虾仁和几片猪肉,加上一小匙葱头油及些许蒜泥,再舀进熬好的虾汤,撒上胡椒,味道之鲜美,令人难忘。

和沙茶面的吃法相似,虾面也是需要食客自选喜欢的配料加进面中,不过加进虾面的配料大多是已经做熟了的。配料通常有:大小虾仁、鲜鱿鱼、猪肝、猪腰、鸭心、鸭腱、鸭肠、米血、鱼丸、脱骨肉、豆腐干等等。

虾面

特别推荐：新厦虾面，位于思明区人和路51号之10；明月虾面，位于思明区厦禾路180号（大同小学对面）；槟榔虾面弟，位于槟榔西里15号（靠近槟榔小学方向）。

4.厦门烧肉粽

厦门烧肉粽味道香甜、油润不腻，色泽红黄闪亮，多以香菇、虾米、板栗、猪肉、糯米为原料，吃时配上沙茶酱、蒜蓉、红辣酱、调味酱油、芫荽，美味可口。肉粽要趁热吃，否则味道大减，因此名为烧肉粽。

特别推荐：好清香烧肉粽，最为出名；吴再添小吃店，位于美湖路25号。

5.鱼丸汤

厦门鱼丸汤以草鱼为主料，油菜、胡萝卜、芹菜为辅料，姜、盐、白糖、胡椒粉、淀粉、鸡精、香油为调料，色淡鲜香。

特别推荐：鼓浪屿龙头路183号鱼丸、鼓浪屿林氏原巷口鱼丸。两家鱼丸的共同特点是都保留了最早的鼓浪屿鱼丸特色，外皮虽不像福州鱼丸那样规则好看，却是颗颗用鲨鱼肉纯手工打造，外皮香而有弹性，里面的肉清甜而不似普通丸子般油腻。

鱼丸

6.煲仔五味薄饼

厦门人过春节必上席的美馔，起源于泉州的传统美食"嫩饼菜"，是一款大家围坐在一起自包自吃的菜，寓意全家美满团圆。

薄饼亦称春卷、润饼，是闽南名小吃。春节、清明节吃薄饼是厦门传统的饮食习俗之一。厦门的薄饼以皮薄、馅料精细著称，好吃与否全在于内馅。清代有诗人写诗咏薄饼"春到人间一卷之"，描写薄饼皮是"薄本裁圆月，柔还卷细筒"，描写薄饼馅是"纷藏丝缕缕，馋嚼味融融"。

薄饼馅料主要是笋、圆白菜、豆芽、豆干、蛋丝、鳊鱼、虾仁、肉丁、海蛎及胡萝卜等。其中豆干丝切得越细越好，用油炸过能吸收其中鳊鱼、虾、肉类的汤汁,使饼皮不致被馅的汤弄湿搞破,吃起来脆嫩甘美、醇甜可口、营养丰富。

煮制好的馅料要捞出,沥干,放在抹好甜辣酱、海苔丝、贡糖碎和香菜碎的薄饼皮上。薄饼皮要薄,又不易破。薄饼皮比北方的春饼皮薄很多,制作薄饼皮的功夫很深。买回来的薄饼皮,要用包菜叶或湿毛巾裹着。

薄饼

特别推荐:阿卿春卷,位于中山路局口街口;阿嬷薄饼,位于SM城市广场1期负一层030号店;同安吴招治薄饼店。

7.芋包

将槟榔芋削皮洗净捣成生芋泥,和上少量淀粉、精盐搅拌均匀,在碗的内壁涂上一层油,放进预先准备好的猪肉、虾仁、香菇、冬笋、荸荠等片丝馅料,再盖上一层芋泥,轻轻倒扣取出放在蒸笼里蒸炊而成。

芋包

8.韭菜盒

用面粉拌猪油做皮,选用猪腿肉、虾仁、鳊鱼、荸荠、韭菜、胡萝卜、冬笋、豆干等混合起来做馅,包成一个个圆饼形,做成波浪状,然后放入油锅热炸,出锅后趁热吃,更是芳香扑鼻、酥脆鲜美。

特别推荐老字号:黄则和花生汤店,位于中山路22号;菜妈街韭菜盒,位于菜妈街中段。

韭菜盒

9.面线糊

面线糊是用虾、蚝、蛏、淡菜等味美质鲜的海产品熬汤,与面线煮成糊。煮时要掌握好火候,达到糊而不乱、糊得清楚。

面线糊

原料:手工面线、蚝干浓骨汤、香菇、贡丸、鸭血或猪血、粉肠、香菜、嫩菜芽、葱花、葱头酥(可以根据个人喜好随意加;蚝,是汤底的灵魂;猪血,是面线的伴侣;香菜,是色与香的点缀;葱头酥,点睛之笔)。

操作步骤:(1)蚝干、骨头、瑶柱煲成浓汤(捞出骨头);(2)加入切成粒的贡丸、猪血,滚10分钟;(3)将面线用剪刀剪入汤中,剪完一片搅一搅锅;(4)加入嫩菜芽和香菜,加少许盐、大量胡椒粉,点少许麻油,关火。

贴士:

(1)不要整块面线放入锅中,否则面线糊就成了面块糊了。剪面线的时候特别要在面线的拐弯处剪断并立刻打散它们。都说蚝干和猪血是面线糊的最佳伴侣,但点睛之笔却是葱头酥。当一勺面线糊在葱头酥的陪伴下被送入口中时,葱头酥即刻酥化,并与汤汁融汇在一起,那种口感和味感,只可意会不可言传。

(2)面线糊要趁热吃,甚至要烫着吃、吹着吃,吃得哈气,吃得冒汗,那是真的过瘾。

特别推荐:阿玲面线糊,位于溪岸路63号之一。

10. 海蛎煎

海蛎煎选用海蛎中的上品"珠蚝"为主要原料,同鸡蛋、地瓜粉和切碎的大蒜调匀,然后用适量的猪油在锅里煎至两面酥黄。吃时以蒜泥、芫荽、沙茶酱等为作料,方能达到香脆细、美味可口之口感。

海蛎煎

特别推荐:莲欢海蛎煎,位于中山路局口街局口横巷4号;龙头海蛎煎,位于鼓浪屿龙头路189号。

11. 炒面线

炒面线的烹制方法是:选用上等面线放在七成热的油锅里炸至赤黄色,捞上盘后用开水烫去油腻待用,以瘦肉、冬笋、香菇为配料,切成丝炒过,和以鳊鱼、虾沥,酌加绍兴酒,然后再把炒过的面线拌配料再炒。吃时以沙茶酱、红辣酱为佐料。

特别推荐:双全炒面线。

12. 炸五香

它以五花猪肉为主,切成长方形小块,配上切为粒状的鳊鱼、青葱、荸荠,匀以薯粉、味精、酱油、五香粉,然后用豆皮卷成棒状,入油锅炸成金黄色,捞出横切成小块,装盘上桌。蘸以各色调料,入口香、酥、脆。

炸五香

特别推荐：石码常满五香。

13.同安封肉

将猪肉（前腿肉）切成方块，约两斤，用方形纱布包扎，放在干净的铁锅，倒上熟猪油，加热，把整块猪肉放到锅内热炒，加上酱油、白糖、味精、米酒、八角香料等，再配上香菇、板栗、虾仁、蚝干等佐料，放在锅里焖上两个半小时即可。由于是将整块的肉装盘，加盖入笼蒸熟之后，上桌才掀盖，所以叫作"封肉"。

封肉的由来：为纪念王审知被敕封为"闽王"而创制的菜肴。四方形的肉恰似封王的大印，包裹的黄布犹如束印黄绫，布包为"封"。封者，"敕封"也，所以就叫"封肉"。

据说，正宗同安封肉非常嫩，将筷子插在封肉上，筷子在倒下的过程中就可以把封肉切开。由于独具风味，故逢喜庆婚宴、回乡访亲，举办筵席时都忘不了"封肉"。侨胞回乡探亲时，也一定要吃这道家乡风味菜。

做法：(1)猪腿肉整块洗净，在瘦肉面上切井字花刀，备用；板栗去壳对半掰开，洗净备用；香菇、八角、桂皮、干虾仁洗净备用。(2)锅放油少许，烧热，猪腿肉瘦肉面朝下放入锅中，加酱油少许，翻动猪腿肉将其上色。酱油不要多，以将肉色上为红色为宜。放虾仁、板栗、香菇入锅，翻炒片刻后加水一小碗，旺火烧开。水的多少以烧开能盖住肉块 3/4 为宜。(3)等水收至 1/3 碗左右，停火。将肉、虾仁等移至圆形大碗中。虾仁、板栗、香菇放碗底铺开，肉块瘦肉面朝下倒扣其上，加入卤制剩下的汁水。用保鲜膜将碗口封住，不用太紧。(4)将碗上高压锅蒸，30～40 分钟后出锅即可。

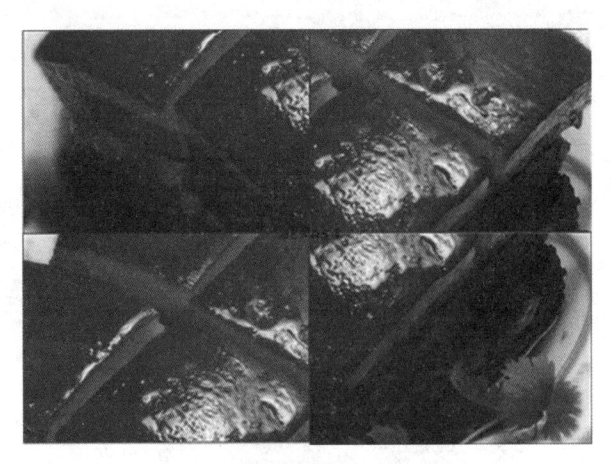

同安封肉

特别推荐：银祥封肉，有"海西美景看厦门，同安封肉数银祥"之说，所以，外地游客如果想吃到正宗的同安封肉，就要尝尝银祥的。

14.鸭肉粥

把鸭肉洗净，切小块，大米洗净，同放入锅中，加清水适量，共煮成粥，加食盐少许调味即可。鸭肉粥是厦门街头巷尾随处可见的小吃，深受厦门当地百姓喜爱。

鸭肉粥中一般加入的佐料有油条段子、花生米、大红枣，还有的加入莲子、当归等补药。味咸而不重，轻油而不腻，吃起来特别有滋味。

特别推荐：百成大同鸭肉粥，在思明区大同路128－130号。百成大同鸭肉粥不同于其他鸭肉粥之处在于独家秘制的汤底，选用土番鸭为主料，40多味中草药为配料，慢火熬制的汤底既营养又美味。为了能保持适当的火候，百成大同鸭肉粥店至今还用煤炭来熬汤，只为保留那股独特的味道，也征服了众多食客的胃。

15.姜母鸭

厦门姜母鸭以红面番鸭为原料，用芝麻油将鸭肉炒香后，再加入老姜（姜母）及米酒等炖煮而成。一般以套餐的形式出现，其吃法类似于北京的涮羊肉火锅。姜母鸭上桌后，可随鸭心、鸭肝、鸭胗、鸭肠、鸭血、水发粉丝、洋白菜、水发腐竹等配菜烫食，最后还可以上一些杂面煮食。

关于姜母鸭的起源，有如下四种说法：

（1）"宫廷御膳说"——汉代宫廷御膳流传民间；

（2）"渔村盐鸭说"——闽南渔民出海捕鱼多日，携带盐鸭，不易变质，而且可以补充营养；

（3）"月子营养说"——妇女产后，祛寒暖身补虚，活血化瘀，快速补充营养；

(4)在厦门岛内大都称为"姜母鸭",在岛外的同安、集美等地,大都称为"盐鸭"。

特点:(1)食色诱人、香气扑鼻、味道鲜美、营养丰富,其中姜母片的滋味独特;(2)春夏祛暑湿、秋冬祛肺燥,有养胃健脾、舒筋活血、祛寒化痰等功效。

姜母鸭

特别推荐:翔安蒋家姜母鸭,共3家分店,分别为厦禾路店、角滨路店、凤屿路店;灌口三德利饭店,位于集美区灌口安仁大道978号,即厦门一中集美分校(原灌口中学)斜对面;集味餐馆,集美区银江路185号(集美大学对面小巷内)。

16.黄则和花生汤

花生汤润肺生津,有食疗之效。花生汤用料简单,煮法却甚考究。花生仁用沸水冲烫去膜,加水和少许纯碱,用旺火煮至花生仁熟后,改用微火煮烂。其特点:花生仁酥烂不碎,入口即化,汤色乳白,甘甜爽口。

花生汤

特别推荐:黄则和花生汤店,位于中山路靠近轮渡路口,距今已有50多年历史。黄则和的花生汤,不仅本地有声誉,在外来旅客和港、澳、台同胞及海外侨胞中,也早已闻名。

17. 麻糍

麻糍学名叫糍粑，是一道让远方游子眷恋不已的佳品。麻糍用水磨的糯米粉做成，鲜嫩、细腻，包着馅，小巧、玲珑，味道不错，因而颇有知名度。

特别推荐：叶氏麻糍，位于鼓浪屿龙头路口。

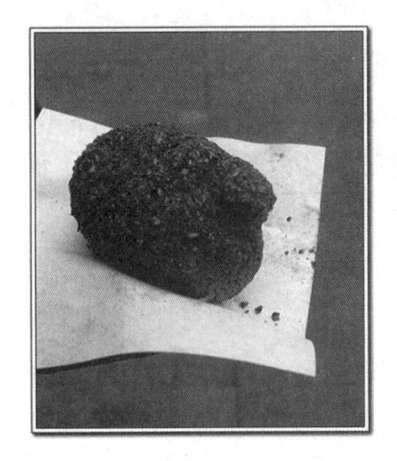

麻糍　　　　　　　　　　　　　　叶氏麻糍

18. 油葱粿

闽南话也叫碗仔粿。农历七月半，厦门都有以咸米粿拜祭先祖的民俗。相传一户人家，在蒸制米粿时，家中顽皮小孩，揭开蒸笼偷吃半生半熟的咸米粿，嫌其平淡无味，顺手把一碗肉丝倒入米粿中。被大人发现后，生米已蒸成熟粿，却出乎意料地好吃，从此流传下来。油葱粿吃时可加甜辣酱、芥末酱、蒜末酱、花生酱等多种酱料，上面再撒上萝卜酸、芫荽、蒜蓉等配料，软糯清甜、香嫩淡爽的油葱粿，吃起来柔韧清香、美味可口。

特别推荐：金宝油葱粿，位于斗西路口（近西门土笋冻）。

19. 贡糖夹饼

贡糖夹饼的特点是：脆香鲜醇，别具风味。制法是将面粉加发酵粉、熟猪油、清水，和成发酵油面团，摘成剂子，压扁擀成圆饼，入烤炉烤熟取出，剖开成连接的两片，分别夹入一块贡糖及适量的肉松、芫荽、萝卜酸、芥末酱即成。香酥甜美的贡糖夹在饼中，口味独特，是典型的五味俱全。

20. 炸枣

炸枣是厦门的特色小吃，用当地产糯米、粳米粉揉成粉团炸成，中间不填料，外皮滚上芝麻，故称麻团，有加中间填料，也有外皮不滚芝麻的，外酥内韧，香甜可口。

第二节　厦门海鲜

厦门因地处闽南海滨,海鲜肥美,取闽菜、粤菜之长形成了独特的制作工艺,同时又毗邻台湾,吸取了台湾美食的精致和多样化特色,这让厦门海鲜具有了与众不同的风格,海鲜"四宝"——蟹、虾、鱼、贝独具特色。赴宴席,会亲朋,"四宝"当家唱主角,不见"四宝"不散宴。其中蟹宝以蟹为主料,辅以肉、鱼、参、蛋,配上调料,菜色鲜丽,蟹香悠长。虾宝以虾为主料,辅以肉、蛋,佐以调料,烹制出多种红艳脆嫩的佳肴。厦门海域鱼类品种众多,加力、石斑、黄花、白鲳、乌耳鳗,都是厦门的上等鱼种;一鲂二虎三黄沙四沙猛,也是好品种,尤以虎鱼为优,清淡细嫩,食之不厌。正由于大海赐予如此之多的海鱼,为厦门人提供了吃不尽的美味佳肴,以鱼为主料的菜肴超过百种。厦门海域的贝类品种繁多,民间长期以来作为小吃佐酒料,现已出现在宴席上,包括鲍鱼、扇贝、海蛏、花蛤等。由此,在厦门形成风格各异的海鲜排档和海鲜酒楼。厦门旅游的一个诱人之处就是厦门的海鲜。在厦门吃海鲜成为越来越多游客在厦门旅游行程的一个计划,那么:厦门哪里的海鲜有特色又好吃?厦门吃海鲜有哪些推荐菜?

一、海鲜排档

海鲜排档知名度高、较具特色者如下:

(1)小眼镜大排档,位于湖滨中路碧宫酒店对面。特色菜有酱油水鱿鱼、酱油水丝丁鱼、酱油水鲍鱼等。

酱油水鱿鱼

(2)小海鲜排档,位于思明区幸福路124号。这个地址是小眼镜大排档的原址。小眼镜大排档搬走后,据说小眼镜的师傅自己在原址开了小海鲜排档,菜做得也不比小眼镜差。

炒海瓜子

(3)海敢小鱿鱼,位于湖里区歧山路1号亿华中心北区1楼商铺。特色菜有水煮小鱿鱼、酱油水鲳鱼、干煎剥皮鱼(马面鱼)、红烧东星斑、酱油水小叶鱼等。

水煮小鱿鱼

(4)开元141大排档,位于思明区开元路141～154号。特色菜有小鲍鱼、爬爬虾、香辣鱿鱼、海螺、花蟹、小鲍捞饭等。

烤鱿鱼

(5)阿矮海鲜大排档,位于公园北路40号。特色菜有烤的椒盐濑吊虾、酱油水蒸鲜鱿鱼、炒花蛤、牡蛎煎、炒海瓜子、黄鱼两吃等。

清蒸鱼身　　　　　　　　鱼头豆腐白菜汤

黄鱼两吃

（6）醉壹号海鲜大排档，位于思明区思明北路第四市场（特香包旁）。开元路被称为厦门"第一马路"，曾经众多古早味小吃、海鲜排档云集，是厦门夜宵吃海鲜最火爆的一条街。随着时代的变迁，众多小吃、海鲜排档已不再有当初的繁华，但短短几年，醉壹号海鲜大排档已在开元路脱颖而出。其特色菜肴包括：招牌芋丝醋肉、沙拉龙虾、烧汁鲍鱼、沙律海鲜卷、鲍汁豆腐、椒盐皮皮虾、鱿鱼蒸豆腐、清蒸龙胆。

二、海鲜酒楼

在档次、环境方面更佳的是海鲜酒楼，特别介绍如下几家：

（1）舒友海鲜大酒楼（湖滨北路店），位于思明区湖滨北路40号中行大厦裙楼1～4楼。特色菜有烤斗鲳、北极贝蛋羹、橄榄象拔蚌、煎膏蟹、西芹沙虫、鲨鱼肚煲、海蜇头、干煎大斑节、红豆猪肚鱼鳔煲、冻花蟹、滚石小象拔蚌等。

北极贝蛋羹

（2）佳丽海鲜大酒楼（环岛路店），位于思明区环岛路曾厝垵。特色菜有芝士炭烤生蚝、海胆刺身、黑椒鸡软骨、蟹子烧卖、紫菜蟹肉卷、沙爹鱿鱼、芥菜虾煲、鱼翅、大闸蟹等。

芝士炭烤生蚝

（3）牡丹大酒楼（湖滨北路店），位于思明区湖滨北路育秀广场内。以服务员踩着溜冰鞋上菜而闻名，至今已经在厦门开了多家分店，生意极好，食客众多。特色菜有太极素菜羹、腰果、长今豆腐等。

太极素菜羹

（4）九龙塘食府，位于思明区环岛路49号（近胡里山炮台）。特色菜有九龙塘大连鲍扣饭、九龙塘清蒸澳龙、象拔蚌、九龙大煲等。

九龙塘清蒸澳龙

（5）亚珠海鲜大酒楼（斗西路店），位于思明区斗西路156～158号祥和广场南楼5楼。特色菜有土笋冻拼章鱼（招牌菜）、白灼双螺、小象拔蚌萝卜丝汤、盐焗老蛏、蒜味扇贝。

土笋冻拼章鱼

（6）鲤鱼门食府（环岛路店），位于思明区环岛路38号（珍珠湾软件园对面）。特色菜有雪蛤、珊瑚草、多宝鱼等。

雪蛤

餐厅一角

第六章
厦门风物特产

第一节 工艺品类

一、厦门漆线雕

漆线雕——300年的手工艺绝活、非物质文化遗产。漆线雕是中国漆艺文化宝库中的艺术瑰宝之一,是闽南地区的传统工艺。自唐代彩塑兴盛以来,漆线雕便被应用于佛像装饰,俗称"装佛"。漆线雕做工精细雅致,形象逼真生动,风格古朴庄重,画面栩栩如生,堪称艺苑奇葩、中国一绝,具有很高的收藏价值和纪念价值,是一些大型的会议上纪念礼品,作为国宾礼品使用。

漆线雕形成于明末清初,成熟于晚清,是厦门历史悠久、独具特色的民间手工艺精品,在厦门流传300多年,历经蔡氏13代传人。其在厦门地区的发展与民间宗教的兴盛及神佛雕塑行业的繁荣密不可分。

漆线雕

早在300年前,漆线雕像就驰誉中外,远销东南亚各国。漆线雕以精细的漆线经特殊的制作方法缠绕出各种金碧辉煌的人物及动物形象,尤以民间传统题材,如龙凤、麒麟、云水、缠枝莲等为多。过去,漆线雕大都只限于木本、漆篮和戏剧道具上。近年来,已发展到装饰在盘、瓶、炉等瓷器和玻璃器皿上,造型丰富多彩,并且不断推陈出新,表层还贴有24K金箔。漆线雕工艺品用绫缎制成盒子包装,小巧玲珑,便于携带,是旅游纪念、馈赠亲友的佳品。

厦门漆线雕大师蔡水况荣获"2010年中国工艺美术终身成就奖"。

推荐品牌:厦门惟艺漆线雕、纪梵希漆线雕。

二、厦门珠绣

厦门珠绣是具有独特艺术风格的装饰性工艺品,以新颖别致、富丽堂皇、光彩夺目见称,已有100多年的历史。厦门珠绣产品有珠拖鞋、珠挂图、珠绣包等100多个品种。这些产品均采用闪亮夺目、五彩缤纷的玻璃珠子和电光胶片,运用凸绣、平绣、串绣、粒绣、乱针绣、竖针绣、叠片绣等传统的工艺手法,绣制出浅浮雕式图案。厦门珠绣作品中,全珠图案构图严谨、密不容针;半珠图案优雅秀美、清新悦目。

珠绣挂图《厦门海堤》《南京长江大桥》《龙凤戏珠》等,构图清新、配色柔和、景物逼真、层次分明,参加过全省、全国工艺美术展览,并被选为礼品赠送国际友人。珠绣拖鞋,绣工考究、样式大方、品种多样、穿着舒适,有的鞋面纯系玻璃珠子绣成,有的则在丝绒面上用彩珠绣成珍禽花卉等各色图案,绚丽多彩、柔软舒适,尤其是夜间穿用,在灯光的照射下,拖鞋熠熠闪烁,光彩耀人。厦门珍珠拖鞋,以其设计新颖、造型别致、工艺精细、风格独特,受到国内外客商的好评。

厦门珠绣

三、金门风狮爷

风狮爷又称"风狮""石狮爷""石狮公"。其造型推测是由庙宇门口的石狮形象演变而来的。狮子为百兽之王,自汉朝引进狮子之后,狮子的形象就被用作辟邪招福的辟邪物(又称厌胜物)。由于东北季风较强,金门的居民自清朝起,就开始设立镇风的辟邪物来镇风驱邪,在金门最多的镇风辟邪物就是风狮爷。

金门风狮爷分两种,一种是村落风狮爷,另一种是屋顶风狮爷。设立风狮爷主要是为了镇风煞、祭煞、克制蚁害、护风水与破解村落犯冲。由现代人们对风狮爷的祈语可看出,风狮爷已由镇风止煞转为无所不能的万能神,金门人会向风狮爷祈求阖家平安、事业顺遂、作物丰收。

风狮爷乃金门六礼之一,极富民族特色,是金门—厦门旅游的极佳纪念品,自用及送礼都很有意义。民间流行这样一种说法:一摸风狮头,加官又晋爵;二摸风狮肚,家有金银库;三摸风狮尾,顺风又顺水。

金门风狮爷

第二节 土特产品

一、鼓浪屿海鲜干货

鼓浪屿的海鲜干货有虾米、干贝、木鱼干、鱿鱼干、墨鱼干、蛏干、紫菜、海带等。

1.干贝

干贝主要来源于扇贝,它含有丰富的蛋白质、氨基酸、钙、磷、铁等。巧挑干贝的诀窍:(1)颜色鲜黄,不能转黑或转白,有白霜的鲜味较浓;(2)形状尽量完整,呈短圆柱形,坚实饱满,肉质干硬;(3)不要有不完整的裂缝。其中优质新鲜的,呈淡黄色,如小孩拳头般大小;粒小者次之,颜色发黑者再次之。干贝放的时间越长越不好。

干贝

2.干风春鱼

干风春鱼的主要原料是小黄鱼,其特点在于:鱼肉鲜香劲韧,越嚼越香,酒香扑鼻,清鲜爽口,余味绵长。小黄鱼含有丰富的蛋白质、矿物质和维生素,具有健脾开胃、安神止痢、益气填精之功效,对贫血、体质虚弱者,对中老年人失眠、头晕、食欲不振及妇女产后体虚有良好的疗效。小黄鱼含有丰富的微量元素硒,还能帮助人体代谢,延缓衰老,防治各种癌症。

3.海蛎干

海蛎干是由海蛎粗加工而成的。海蛎的学名为牡蛎,牡蛎是软体动物门双壳纲牡蛎目牡蛎科的通称。海蛎不仅肉嫩味鲜,而且营养丰富,有"海中牛奶"之美誉,含有多种维生素、牛磺酸、甙糖及其他矿物质等多种营养成分,其含碘量比牛奶和蛋黄高出200倍,其含锌量可为食物之冠。

《本草纲目》讲:海蛎肉,多食之,能细洁皮肤、补肾壮阳,并能治虚,解丹毒。《中华人民共和国药典》记:牡蛎重镇安神,潜阴补阳,软坚散结,收敛固涩,用于惊悸失眠、眩晕耳鸣、自汗盗汗、遗精崩带、胃酸泛酸。

吃法一:熬海蛎干粥。材料:海蛎干、大米、菜叶、香葱、姜片、盐、鸡精、胡椒粉。

吃法二:包肉粽,作为肉粽辅料。

海蛎干

4.海马

海马，刺鱼目海龙科暖海生数种小型鱼类的统称，属于硬骨鱼。头部像马，尾巴像猴，眼睛像变色龙，还有一条鼻子，身体像有棱有角的木雕，这就是海马的外形。

海马

海马的功效：(1)海马味甘咸，入肝、肾二经，有补肝益肾、壮阳安神、调气、活血祛瘀、舒筋活络、止喘平喘等功用；(2)海马温补肾阳，能治疗肾阳不足、遗尿、哮喘等；(3)海马中的乙醇提取物，能抑制乳腺癌及腹腔肿瘤；(4)海马化结消肿，可用于治疗肿瘤、疔疮肿毒；(5)海马含有性激素，有延缓衰老的作用；(6)海马用于症瘕痞块及跌打损伤。

注意和禁忌：本品有活血散结作用，故孕妇忌用；又因本品性温热，故火热证忌用。

5.太祖烤紫菜

太祖食品公司以推广岛屿美食之价值为主题，盛产台湾岛、金门岛、厦门三地之名特产，采用中式特色的古意包装、丰富多变的美味组合，极具精致度和地域性，是国际交流的体面佳品。太祖烤紫菜采用来自金门海域的紫菜，吸收充分的阳光，独家特制，健康、绿色，有天然野生紫菜的风味，口感酥脆，唇齿留香，老少咸宜，是健康美味的零嘴。不论是搭配午茶，还是作为招待客人的休闲点心，一口接一口，停不下来的美味诱惑，让您享受天然营养的休闲小品。

食用方式：(1)直接食用、下酒、佐餐；(2)用它做成紫菜饭团更佳；(3)热乎乎的饭拌上它，更是香味可口，独特风味；(4)煮面条、馄饨时加入它，味道更鲜香；(5)用它直接加热水煮出来的汤清淡中不失鲜美滋味；(6)快出锅的菜加入它，再翻炒几分钟，菜味更加鲜美可口。

太祖烤紫菜

生产原料：紫菜、植物油、调味料（白砂糖、肉精粉、鸡鲜粉、味精、食用盐、酱油粉、胡椒粉）、食品添加剂（磷脂）。

产品功效：(1)紫菜含有丰富的维生素和矿物质，其蛋白质含量媲美于大豆。它具有清热利尿、补肾养心、降低血压、促进人体代谢等多种功效。(2)本产品含有能量、蛋白质、脂肪、碳水化合物和钠等。这些都是人体生命活动必需的重要物质。(3)碘的含量很高，还有丰富的钙、铁元素，不仅是治疗儿童贫血的优质食物，还可以促进儿童和老人的骨骼和牙齿的生长和保健。

特别推荐：厦门新四海。

新四海

二、桂圆

桂圆肉是无患子科植物龙眼的假种皮,主产于福建、广东、广西、四川等地,此外,台湾、云南和贵州南部也有出产。其中福建的桂圆产量占全国总产量的 50%。

桂圆因其种子圆黑、种脐突起呈白色,看似传说中"龙"的眼睛,所以得名。新鲜的龙眼肉质极嫩、汁多甜蜜、美味可口,实为其他果品所不及。鲜龙眼烘成干果后即成为中药里的桂圆。

桂圆

桂圆性温味甘、益心脾、补气血,具有良好的滋养补益作用。(1)温补:小孩常感冒、体质虚冷、常尿床、记忆力不佳,多喝桂圆茶可增进脑力,改善虚冷体质;(2)丰胸:中医说女人主血气,常吃桂圆的女人,脸色红润、身材丰满,所以很多丰胸的补方,都以桂圆作为搭配;(3)安眠:中医说桂圆具有安神养心、补血益脾的功效,非常适合长期失眠者食用;(4)补血:能改善心血管循环、安定精神状况、舒解压力和紧张。桂圆含有丰富的葡萄糖、蔗糖、蛋白质及多种维生素和微量元素,有良好的滋养补益作用,可用于治疗病后体弱或脑力衰退,妇女产后调补也很适宜。

三、黄胜记肉松

黄胜记肉松是鼓浪屿上最火爆的老字号!公元1842年,东山人黄知江创制的黄金香肉松在厦门悄然开张,在经历了170余年的风雨沧桑和一代传一代的精工细作后,其孙黄满鸿创制的黄胜记肉干依旧深受厦门人喜爱。著名作家林语堂晚年在回忆童年生活时曾经提到厦门的肉松配粥,美味的肉松让他后半生念念不忘。

商品规格:200g/袋;商品口味:原味;商品产地:厦门;商品包装:袋装;生产原料:精猪肉、白砂糖、精盐、味精、酱油、五香粉、红曲红;保质期限:6个月。

想试试传说中鼓浪屿上的美味吗?红润油亮的肉松诱惑着你的食欲,撕下一片,薄得几近透明;尝一口,松软中轻嚼两下,甘甜的滋味悄悄在舌尖散开,在口中徜徉不断,太美味了!

黄胜记肉松

四、鼓浪屿馅饼

鼓浪屿馅饼是正宗中华百年老字号的厦门特产，是福建厦门最负盛名的特产之一，具有百年以上的历史。

鼓浪屿馅饼的主要特点是在制馅上下了工夫，饼馅采用上等绿豆，绿豆研磨很细，蒸煮得很烂，此外，糖膏的软硬度也控制得恰到好处，因而产品入口易融化，产生冰凉感，有食而不腻的效果。另一特点是外皮制作工艺中，以油当水，精工糅合，焙烤后饼香清甜、酥而不破。

值得一提的是，馅饼中的绿豆清凉解毒，且含有糖、纤维、蛋白质、无机盐、植物脂肪等营养成分，以及富含人体自身不能合成而又必需的氨基酸。故以绿豆作馅，不但营养成分得到了保留，而且更有香甜爽口的特点。

鼓浪屿馅饼

鼓浪屿馅饼受欢迎的原因在于：(1)上乘选料：选用上好的面粉和优质的绿豆，精选各种水果味的辅料。(2)精湛工艺：至今保持着传统、小巧玲珑。(4)神奇口感：香甜酥细，入口即化。(5)馈赠好礼：可做茶点、早点、点心，是馈赠亲朋好友的最佳营养美食。

特别推荐：

(1)汪记馅饼，位于鼓浪屿龙头路168号。据说是"祖传手艺"，专做"手工馅饼"，有肉、绿豆和椰子的，都是"当日生产"，保证"新鲜"。吃起来外皮"很酥"，"入口即化"，馅料"又香又多"、"细腻软糯"、"不油不腻"，口感"很好"。

(2)陈记馅饼，是鼓浪屿非常出名的中华老字号馅饼。他们的招牌绿豆、椰子和新品蓝莓都非常好吃。陈记馅饼总部位于鼓浪屿鹿礁路5号陈家园，1号店位于鼓浪屿龙头路21号，2号店位于鼓浪屿龙头路54号之4，3号店位于龙头路165号，4号店位于晃岩路9号。

五、南普陀素饼

南普陀素饼秉承南普陀素菜纯素、做工精细、用料考究的特点,坚持传统技法,手工制作。南普陀素饼的口感酥香、甜而不腻。2003年,南普陀素饼在第四届中国美食节上被授予"中国名点"的称号,并获中国美食最高奖"金鼎奖"。

南普陀馅饼口味繁多,有"传统的"绿豆、椰子、南瓜,也有"新派的"绿茶和香芋。吃起来饼皮酥,"入口即化";馅又软又香,不油腻,甜度适中,味道很好。

南普陀素饼色泽金黄、小巧玲珑,制作是微微烤制,表面不留油渍,清爽干净。闻之有淡淡的面点香气若隐若现,食之外皮软韧,消食易嚼,内馅酥松,口感绵密,入口即化。细细咀嚼,南瓜的清香在口中久久徘徊不散,浅浅的鲜甜滋味,一如佛之大爱,清清静静,不骄不躁,普度众生,使人恍然间顿悟:平淡是真,知足常乐。

南普陀素饼

一杯清茶,一盏青灯,一点甘甜,一片幽静。在尘世的喧嚣之中,有南普陀素饼的清净相伴,让你可以适当地放慢脚步,领略人生之美,平心静气,悠然自得。

六、金门高粱酒

金门高粱酒是我国台湾地区的三大名酒之一,其销量一直很大。其中白金龙酒、陈年高粱酒每年供应量都以100万瓶的数量增加。金门高粱酒香醇甘洌、风味独特,深受当地消费者喜爱。2005年,连战、宋楚瑜、郁慕明先后访问祖国大陆,他们所带的共同礼品就是金门高粱酒。

金门高粱酒香醇甘洌、风味独特,深受当地消费者喜爱。金门高粱酒以58度金门高粱酒最为普遍,俗称白金龙,是以金门特产旱地高粱加上水质甘甜的宝月神泉,配合金门干净的空气与气候条件所酿造而成的。

金门高粱酒是中国白酒文化长河里的支脉之一,其独树一帜自创"金门香型"口感,拥有金门岛上绝佳的水质、空气、气候和原料四大天然酿酒条件,承袭古法纯粮固态酿制工艺,具有酒质透明、芳香幽雅、醇厚甘洌、回味悠长的特点。

金门高粱酒属于特殊香型的白酒,是以乙酸乙酯、乳酸乙酯及高沸点香味物质三者构成的馥合香气突出为其香型特点,其酒液晶莹剔透、清香醇正、柔顺净爽,口、鼻、眼三种感官一致,饮之有如清香雾气中大地的芬芳,甘润爽品,有色、香、味三奇之美。

金门高粱酒

金门高粱酒不仅仅是好喝,还有七种很实用的用途:(1)减痛:不慎将脚扭伤后,将金门高粱酒涂于伤处轻轻按摩,能舒筋活血、清除疼痛;(2)去腥:手上沾有鱼虾腥味时,用少许金门高粱酒清洗,即可去掉腥味;(3)除腻:在烹调脂肪较多的肉类、鱼类时,加少许金门58度高粱酒,可使菜肴味道鲜美而不油腻;(4)消苦:剖鱼时若弄破苦胆,立即在鱼肚内抹一点金门酒,然后用冷水冲洗,可消除苦味;(5)减酸:烹调菜肴时,如果加醋过多,只要再往菜中倒些酒,可减轻酸味;(6)去泡:因长途行走或因劳动摩擦手脚起泡时,临睡前把酒涂于起泡处,次日晨可去泡;(7)增香:往醋中加几滴酒和少许食盐,搅拌均匀,既能保持醋的酸味,又能增加醋香味。

金门高粱包括几个系列:炮弹高粱酒53度、金门马萧纪念酒普通礼盒2瓶装、金门高粱酒(八二三纪念)、白金龙的58度金门高粱酒。

七、金门一条根

金门一条根产于金门珠山村落,因只有一条主根直伸入土,并少有支根或须根,故得其名。一条根药用部分主要是根部,其根部扎入土内很深,生长 3 年的一条根,根长约有 50 厘米,甚难拔除,故名一条根,又名千斤拔,是岛上居民的生命源泉与保健灵草。

金门一条根的功效:一条根药性辛温,且根部有金门特有的红土色,一般最方便的食用方法是与水同煮,日常饮用,具有舒筋活血、祛风去湿、解热镇痛之功效。可用于治疗坐骨神经痛、筋骨痛、产后伤风感冒、肝肾疾病、骨折损伤等。

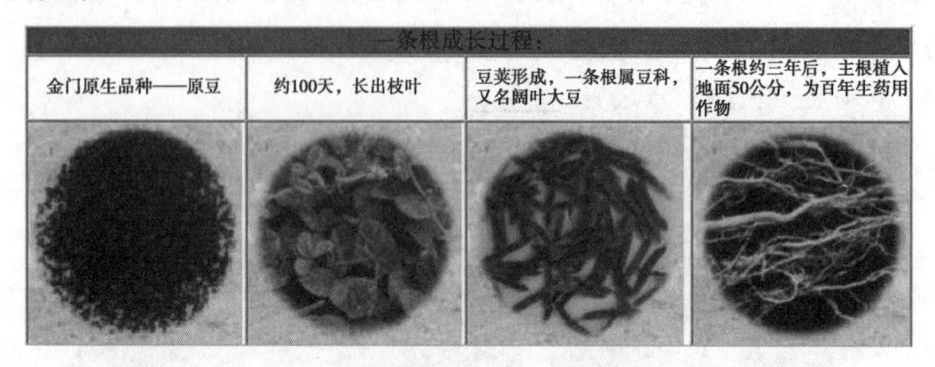

一条根成长过程

金门多风干旱的地理条件,特别适合一条根的生长。因此在金门岛上的山野旱地里有许多野生的一条根,但由于野生的一条根早已供不应求,现在药用的一条根多是人工种植的。一条根的根、茎、叶、花均可食用,生长期在 2~3 年间的一条根药效最好。

八、金门菜刀

1958 年的八二三炮战,解放军 45 万多发炮弹炮击金门,炮战遗落之炮弹壳无异于取之不尽、用之不竭的宝藏,经过淬火过的弹壳弹头异常坚硬,金门居民便利用弹壳弹头制造金门菜刀。金门制刀厂创建至今已有六十余年历史,吴朝熙先生是金门第一把炮弹钢刀的创始人,成为金门的名产之一。

如今金门炮弹每月出土 100 枚,一枚 30 公斤,一把菜刀 0.5 公斤,菜刀产量惊人。据估计,金门八二三炮战留下的炮弹最少能产 6000 万把菜刀。

生产菜刀的原料——炮弹

金门菜刀有三大特点:一是刀口锋利无比,用两个手指头捏住刀柄,刀刃朝下、拖过纸片,纸片立即被无情地分为两块;二是刀身永不生锈,切菜刀饱经厨房烟火,仍可光洁如新;三是耐用性,用金门炮弹菜刀,三年不用磨刀。

金门菜刀是台海两岸曾经烽火硝烟的历史见证,也是金门同胞聪明才智的结晶,既有很好的使用价值,也有一定的收藏价值和历史意义。

金门菜刀的类型:

(1)剁骨刀:有"砍不坏的剁骨刀"之称,用它剁鸡、剁排骨、剁肉馅轻松自如,就连钢管也可以砍。刀柄是德国进口的磨砂橡胶颗粒整体注塑的,除了有防滑防脱的功能以外,还能起到防震作用,握起来手感舒适、顺手。刀背面的波浪形可以用来敲骨髓及硬物,非常方便、实用、耐用。

(2)切片刀:以锋利著称。硬度高达 55 度以上,所以不用开刃也不会生锈,经测试机器做的切割实验显示,切割 10 万次以上才需要磨刀。刀柄也是德国进口的磨砂橡胶颗粒整体注塑的,不打滑不松脱更不断裂,刀身与刀柄受力均匀,符合人体工学要求。

(3)冷冻调理刀:刀面上有九个空气隔离孔,背面有水槽,能隔离食物中的空气和水分,切食物不粘刀。此刀主要是用来切冷冻品,一般的冻品都需要解冻,其实解冻是不科学的,在解冻的过程中,冻品的营养成分已经被破坏并流失了。冷冻调理刀的刀刃是由一段刀一段锯组成的,这样刀锯合一才能切开坚硬的冷冻食品。

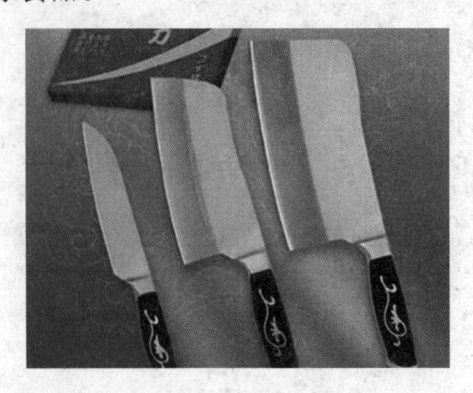

金门菜刀

第七章
厦门民俗

　　中华优秀传统文化源远流长、博大精深,是中华文明的智慧结晶,其中蕴含的天下为公、民为邦本、为政以德、革故鼎新、任人唯贤、天人合一、自强不息、厚德载物、讲信修睦、亲仁善邻等,是中国人民在长期生产生活中积累的宇宙观、天下观、社会观、道德观的重要体现,同社会主义核心价值观具有高度契合性。我们必须坚定历史自信、文化自信,坚持古为今用、推陈出新。而民俗文化是中华民族传统文化的重要组成部分。

　　民俗又称民间文化,是指一个民族或一个社会群体在长期的生产实践和社会生活中逐渐形成并世代相传、较为稳定的文化事项,可以简单概括为民间流行的风尚、习俗。厦门民俗是厦门文化中最具传统特色的部分,它源于先民们在开发厦门岛历史进程中先后带来的原乡民俗文化,又在走向都市化的环境条件下相互融合扬弃,适应城市居民的社会生活方式,发展出自己的传统。厦门传统民俗文化是闽南民俗文化的一个分支。厦门作为清代以来福建省重要的出洋口岸、近代以来闽南的中心城市,是闽南文化流播台湾、东南亚的一个中转站,又是闽南文化圈民俗相互交流影响的一个窗口。

第一节　生活礼俗

　　厦门地方上通行说闽南方言——厦门话。
　　厦门人以红为尊、为大、为喜、为吉。逢年过节,村头村尾、闹街僻巷,处处见红。新春佳节居家门窗户扇贴春联。除夕夜,农家大厅桌上摆一钵头大米饭,饭上插一支红春花,红示吉祥。迎新年,家家户户蒸年糕,每层年糕一定要按上四粒大红枣;蒸发糕,在发糕上撒几粒红色爆米花,把方形竹筷头劈为十字叉,蘸上红水在发糕上印上四粒小红点,再插朵红绸春花。除夕夜,长辈赠晚辈的压岁钱要用红纸包,现在用印有"恭喜发财"的红纸袋。
　　早年办婚事,大喜日子,更是全家红艳艳。大厅、房门都新贴对联。诸如:"紫燕双飞迎春舞,红花并蒂朝阳开";"吉人吉时传吉语,新人新岁结新婚"。新娘穿红裙红袄、盖红头巾、穿绣鸳鸯的红鞋,迎娶的车辆要挂红彩带。新娘入门后,要特意给婆婆或女长辈插红绸春花表示尊敬;向公婆敬茶要用红枣甜茶;大厅要挂贴有双喜图案的红绸喜帐。婴儿满月要做红色的"满月圆"、蒸油饭,配两粒染红鸡蛋馈赠亲朋。亲朋向产妇赠送黄花鱼、鸡、蛋等礼品,要贴上红纸,在鸡脚上扎红纱带。老人寿辰要在厅堂挂红寿帐,贴诸如"天增岁月人增寿,春满乾坤福满堂"之类的寿联;还要做工寿桃、寿龟,寿龟也是红色的。在闽南,"红"的另一含义是"化凶为吉""脱壳避邪"。出殡后的丧家,要在大门上挂一小块红布。又如某人夜间做个不吉利的梦或某人外出遇险而未受灾,都要煮红蛋吃。

厦门人善饮茶,把饮茶叫作泡茶。许多厦门人晨起第一件事就是煮水泡茶,没喝早茶,一天都提不起劲。即使不大喝茶的厦门人,家中也必备精致的茶具用以待客。许多公司、单位也无不备有茶具茶叶,招待来访客人,客人一到要立刻煮水换茶,这一习俗表现了厦门人的善饮和好客。厦门人喜欢喝乌龙茶。在厦门最负盛名的是安溪茶,安溪茶中又以铁观音为上品,其次为黄旦。铁观音如青橄榄,初入口略有苦涩,入喉后渐渐回甘,韵味无穷。厦门人泡茶的程序很讲究,所费的时间较多,常常自喻工夫茶。厦门人茶具喜欢用红色的宜兴陶壶,只有掌心大小,配套的茶杯自然就更小了,用这样的茶具泡出来的茶叫"小掌茶"。

泡茶

在厦门,结婚、寿辰、生儿育女等喜庆,统称"红事";而丧葬则称为"白事"。成年男女结婚,以往礼节甚繁,现已大为简化。一般市民仍照旧俗择定佳期,由双方长辈主办婚事。佳期前一天,女方将"嫁妆"送达男方,布置好洞房;佳期当天凌晨,新郎到新娘家迎娶,晚上再设宴请客。席散以后,宾客朋友不论辈分大小,都可前往"闹洞房"。婚后三天,新郎要陪同新娘回娘家,娘家则备酒宴接待,女方亲友应邀作陪,以示庆贺。现在越来越多的青年男女结婚已不按这一套,而时兴旅游结婚或酒店婚礼。

厦门人生日祝寿以少年16岁和老人50岁、60岁大寿为重。少年男女年满16岁视为长大成人,族人亲戚要送活鸡、线面、衣料等礼物去庆贺,当事人父母则设宴回礼。老人寿辰,尤其父亲60花甲、母亲50寿辰,已成家的儿女要备好猪腿、寿面、美酒、鸡蛋等四色礼物送给父母,以报答父母养育之恩。有的人家还设宴款待亲友。

生儿育女在民间被视为一大喜事。儿女出生满三日,叫"三朝",夫家要备好"油饭"派人送到娘家报喜。满一个月,再以"油饭"分送亲友和邻居,称为"弥月"。随后4个月、周岁也要热闹庆祝一番。

丧葬以往也讲排场,现在废土葬为火葬,诸事皆由殡葬管理所料理,丧家称便。

第二节 岁时节俗

一、正月

正月又称春节,古时为新年的开始。

正月初一,黎明开门,梵香燃爆,纳财气,曰"开正"。晨起祭祀祖先,是日,不扫地不倒垃圾,讳将财气扫掉倒掉;忌动刀,忌打骂儿女;忌吃稀饭,否则出远门多风雨。是日,人们都得早早起床,清早要先吃碗面线,表示新的一年健康长寿。大家换上新装到亲戚家拜年。路上遇到朋友,都要彼此恭贺新年。

正月初三,为丧家清新愁(即烧新床)之日。凡在初一、二未到过之友家,是日应勿往访,访即为不敬。

厦门本地有"正月歌",叙正月各日活动:"初一早、初二早(早起拜年);初三困到饱(厦俗初三有新丧人家烧约床给亡人,忌生人到,故一般人不互访,唯初一、初二有来者方可来,故初三客少,可以迟起床);初四神落地(腊月廿四日送神上天汇报,今日返,要烧楮纸纸马接神);初五隔开(正月欢庆拜年,到此基本结束,告一段落,故言隔开;商家本日开店迎五路财神,故初五又称"天神下降");初六壅肥(浇肥);初七七元(古俗要吃七样蔬菜);初八团圆;初九天公生(玉皇诞辰,香案敬神,唯丧家要停祭两年);初十有食(初九祭天公的食品今日再吃,是日,地诞,不砍柴、不掘土,并以普通物品祭敬）；十一请女婿；十二返来拜（女儿回娘家拜年）；十三关圣帝君诞辰，商家均有祭敬，普通人家吃稀粥配芥菜（日常饮食）；十四结灯棚（准备上灯）；十五上元暝（上元夜，即三官大帝诞辰，闹花灯）；十六拆灯棚（节终）"。

二、上元节

厦门习俗正月十五是"上元节"，也称"灯节"或"元宵节"。上元是三官大帝中上元赐福天宫紫微大帝的生日。每年正月十五日，厦门的百姓都要向天宫祈福，家家户户一大早即把五牲、果子、酒菜、纸钱等供在桌上，向天宫神烧香祭拜，并且占卜卦预测一年的福祸凶吉，祭酒之后烧金纸，而后完成祭仪、撤供等仪式。元宵节民间从十三日到十七日的五天里，大街小巷家家户户都点缀着美丽的花灯。

中山公园、寺庙或工人文化宫等公共场所会举办舞龙、舞狮、踩高跷、跑旱船、放烟火、迎紫姑、猜灯谜、吃汤圆等贺节活动。晚上，晶莹剔透的宫灯、走马灯、宝莲灯、荷花灯、象形灯流光溢彩，水池上灯船摇曳；盛装的少女和儿童跳起欢腾热烈的花灯舞；高院队举行场面壮观的踩街活动；南乐团演员们演唱南音古乐。近年来在中山公园举行"鹭岛灯会"已成惯例，民间还经常有耍龙灯、舞狮等活动。街上供应制作好的汤圆，其大小和龙眼差不多。闽南民歌《卖汤圆》中唱道："卖汤圆，卖汤圆，元宵的汤圆圆又圆"，正是闽南一带人民"元宵吃汤圆"的真实写照。

厦门的灯市自正月初九"天公生"后就开始热闹起来，买灯、看灯、送灯的男女老少此来彼往，络绎不绝。到了上元之夜，户户张灯结彩，其中"走马灯"是最受男女老少欢迎的。"走马灯"里外两层，动静结合，里层呈圆筒形，精雕镂空，上面绘有神话传说、历梦故事、舞龙奔马等图案。上有风车转，中有支柱，下为一针，旁点蜡烛或油灯，靠热气流带动风车旋转，使内层图案循环转动，其影投向不动的外层，生动活泼，富有动感。

厦门有元宵节"送灯添丁"和"钻灯脚求子"的信俗。已婚未育的妇女，为祈求添丁，到街上、祠庙、鳌山灯棚底下，钻进钻出，称"钻灯脚"。有民谚："钻灯脚，生男芭！"未婚妇女有"听香"的信俗，即在元宵夜深人静时，先在神像前上烛烧香，跪拜占卜，朝"掷笅"所指的方向走去，把听到别人说的第一句话作为选婿条件或婚事成败的预兆。所以一般父母都要嘱咐自己的孩子，当夜要多说吉祥话，让人得到好兆。又有少女偷葱菜之俗，谓"偷葱嫁好尪"，将来嫁得好丈夫。

三、三月三敬祖节

厦门人每逢农历三月初三,有敬祖旧俗,叫作"三三节",也叫作"三日节"。原泉籍居民多在此日做春饼祭祖,并上坟祭扫。"三月三"的由来和民族英雄郑成功有着密切的关系。

一种传说是:郑成功据守厦门、金门根据地抗清,为实现"反清复明"的愿望,同仇敌忾,矢志不移,连听到一个"清"字都感到逆耳。当时有人把"喝茶"说为"喝清茶",他听了很气恼,立即予以训斥纠正。特别对于"清明节",把"清"字压在"明"字上头,更使他恼火,因此他下令所在地人民不要在"清明节"扫墓,而改在"三月三"敬祖。

另一种传说是:清兵屡次被郑成功军队击败后怀恨在心,后来郑成功移兵驱逐荷兰,收复台湾,清军乘机入侵厦门、金门,毁城拆屋,烧杀抢掠,造成"嘉禾断人种"的惨剧。厦门、金门的幸存者直到三月初三才陆续回岛,无法弄清死去亲人被害的忌日,因而在三月初三日共同祭祀,长久以来成为风俗。

四、清明节

清明节为阳历 4 月 5 日,本日祭祖、扫墓,为春秋二祭之春祭。

如前述,同安县籍人不在清明祭祖扫墓,而在三月三。但不论清明还是三月节,皆制薄饼祭祖。

扫墓时,备牲礼、纸钱、香烛、鲜花。上墓祭扫,清除杂草,以土块石块压长方形五色"墓纸"(纸钱,中凿波形纹)于墓上,同时祭"后土"。当然,以前扫墓都是献冥纸,现在逐渐以花圈或花束代之。清明节前后十日,公墓、骨灰室都开放供民众祭奠。清明节扫墓亦是踏青好时节。

五、端午节

五月初五,又称"五日节""五月节"。

厦门人过端午节,以往家家门口要插艾蒲,家中要洒雄黄酒,给小孩佩带香袋,用以驱邪,现已少见。但人们还习惯在这一天翻晒衣物、做大扫除,并保留吃粽子和赛龙舟的习俗,而且还要举办抓鸭子的活动。抓鸭子是一种考验人们体力、毅力和技巧的民间体育竞赛,这种斗智、斗勇、斗巧、斗捷的水上体育活动,充满着热烈气氛和浓郁的闽南风情。

竞技场一般设在大海上或大池里,从岸边腾空伸出 1 根 10 多米长的圆木柱,上面涂满滑油,木柱的末端安装着一只盛鸭子的小木箱,箱子有一个活门。参加竞技者要登上木梯,走过这根伸向海里的圆木柱,到了末端,用手拉开小木箱的活门,把鸭子放进水里,同时人也跃入水中去抓鸭子作为胜利品。通常,十几只鸭子在一个多小时内便会被勇士们抓光。

俗话说的"没吃五月节粽,破棉袄不能放",盖言端午节后天气才大热。

六、半年

六月十五,俗称"半年"。一年过半,家家户户造米团圆,祭神祭祖,拜谢半年来的保佑。

七、七月

农历七月,俗称"鬼月",民间传说由初一起"开地狱门",放出无依鬼魂到阳间受人致祭,至月末"闭地狱门"。厦门有七月各街轮流做"普度"的民俗。

八、中秋博饼

八月十五,厦门习俗是以地瓜、芋头祭土地神,即所谓"春祈秋报"之敬。祭毕,烧金纸放炮。

是夜,以月饼祭月神,赏月。在厦门胜景"虎溪夜月",中秋夜月光融融,照入岩洞,赏月游人如织。

中秋佳节,花好月圆,是人们阖家团聚或倍加思念远方亲友的日子。厦门人对中秋节特别重视,许多旅居海外的乡亲以及港、澳、台同胞纷纷踏上归途,与家人好友团聚,共享天伦之乐,畅叙别后情谊。在厦门有"大中秋,小春节"之说。在厦门,有一种中秋节玩会饼博状元的民俗活动,最为吸引人。中秋会饼每会63块饼,隐含七九六十三之数,因为三、九是我国民间的吉利数。会饼设状元1个,直径20厘米,宛似一轮明月,饼上雕印有"嫦娥奔月""桂树玉兔"等图案;对堂2个,直径13厘米左右;三红4个,四进8个,二举16个,一秀32个,饼的直径逐级缩小,它们分别代表文或武状元、榜眼、探花、进士、举人、秀才,在"博状元"活动中俗称状元、对堂、三红、四进、二举、一秀。博饼时,每人轮流将6个骰子掷入碗中,根据投入碗里的骰子的点数领饼,以最终夺得"状元"为幸运。相传这种游戏可以预测人们未来一年内的运气。中秋节玩会饼博状元的习俗,自清朝末年以来一直在厦门民间流传。如今,各商家在中秋节前后推出各式各样的博饼礼包,花样翻新,从农历八月初一到八月三十,投骰声响遍厦门的大街小巷,热闹非凡。

中秋博饼

九、重阳节

农历九月初九为"重阳节",民间喜登山郊游。重阳节秋高风劲,正是放风筝的好季节。同时,九月初九日亦被定为敬老节,社会各部门、团体皆在此节慰问老人。

十、冬至

厦门有冬至日清晨搓汤圆祭祖的习俗,午间另备牲礼拜祭,又备汤圆赴家祠祭祀,名为"秋祭"。本日又称"亚岁",系古代夏朝一年之始,俗语有"冬至大如年"的说法。是日宜进补。

十一、尾牙

尾牙是农历十二月十六,在厦门有家家户户祭土地公的习俗。因这是本年最后一次祭土地公,故称尾牙(自二月初二起,每月的初二、十六即"做牙")。商家也做牙祭土地,又祀十方无主游魂和号称"门口公"的,祈骧他们不要来扰乱生意。每月的"做牙",商家们十分虔诚,而尾牙是一年最后一次,更是隆重。同时,各企业都要聚餐,老板还要给员工发红包。

十二、送神

农历十二月廿四,俗传本日家中神仙和地上各路神仙都同时上天汇报他们这一年在人间考察的结果,因此人们在这一天祭神,为他们送行。

厦门俗例,送神主要是送"灶君公",即灶神,在民俗传说它是一家之主,将上天向玉皇大帝汇报今年家中各人的善恶。为了让"灶君公"隐恶扬善,在玉帝面前多说好话,人们在祭灶君公时常在它的嘴边抹上糖,好让他口甜心甜、嘴黏,说不出人们的坏话。

十三、除尘

送神上天后,人们会大扫除,把平时不易打扫到的地方彻底打扫。俗称神平时无所不在,所以平时不敢轻易去动那些相对较固定的物体,怕神附在其上,动之而触犯了神,给自己招来灾祸。

十四、除夕

除夕在厦门俗称"二九暝",即一年中的最后一天,全家要围炉大团聚。晚上孩子要为家长守岁,谓可为父母增寿。围炉后,长辈分发压岁钱给孩子们。

在老厦门人眼里,腊月廿四送神祭拜完后,大家就得为过年忙活了。厦门人过年就是图个热闹、喜庆,什么东西都希望能沾点喜气,这个时候,除了要大扫除以外,还要添补年货。到了除夕之夜,到处灯火辉煌。家家户户除了贴春联外,房门两侧还要搁置两株圈贴红纸的连根甘蔗,叫门蔗,方言蔗与"佳"近音,寓意进入佳境。此外,厅堂中案桌摆有隔年饭、长年菜、发糕,并插上用红、黄两纸扎的"春枝",寓意饭菜长年丰足、吉祥发财。

除夕夜,家家户户都有围炉吃年夜饭的习惯,这也是厦门人最重视的。家长和子女围炉吃年夜饭,以示来年全家团团圆圆。在除夕的年夜饭里,有几样食物是绝对不能少的,比如菠菜,不可以切根,有头有尾,每人都得吃一根,意寓"平安"。还有血蚶,闽南话说"蚶壳钱大赚钱",将吃剩的蚶壳洗净,洒在桌子底下或床下,直到正月初五才收拾;还有年糕,吃了年糕,万事如意年年高,年年高升年年高兴,又有敬祝长辈延年高寿之意。吃完年夜饭后全家都要围在炉旁,叫作围炉守岁。

第三节　民间禁忌

禁忌，即禁和忌，是民间一种原始的信俗。禁忌和对神明的祈祷祝告一样，是人类为了使自己对不可知的未来充满希望的产物。厦门民间日常生活存在下列相关禁忌。

一、饮食禁忌

1.忌满斟茶酒

"七分茶、八分酒"是厦门民间的一句俗语，谓斟酒斟茶不可斟满，让客人不好端，溢出了酒水茶水，不但浪费，也总会烫着客人的手或撒泼到衣服上，令人尴尬。因此，斟酒斟茶以七八分为宜，太多或太少都会被认为不识礼数。

2.忌留碗底

"民以食为天"，大米作为闽南人的主食，更被十分珍惜，乃至敬重。糟蹋粮食被视为暴殄天物，不但父母兄弟，连邻居路人都会加以谴责。因此，小孩如果吃饭时不将碗底的饭吃干净，大人便要督促他，并警告说，留碗底会娶"猫某"，嫁"猫丈夫"，即是说将来讨的老婆或嫁的丈夫一定会是麻脸。这当然是骗孩子的话，但其用心却是教育儿童自幼养成珍惜粮食的习惯。不仅小孩，大人也是如此。倘若去做客吃饭留碗底，那一定会被斥为"歹样"。

3.忌将筷子插在饭碗中央

由于将筷子插在饭碗中央，同丧俗"拜脚尾饭"时白饭中间插一双筷子的情形一样，因而是非常忌讳的。小孩子这么做，一定会招来大人的呵斥；而如果客人这么做，则一定会惹主人及其他客人的不快。

4.忌吃饭时以筷子敲碗

厦门人认为，只有乞丐才敲着空碗挨家挨户乞讨，因此小孩子如果在吃饭时或开饭前以筷敲碗，其父母就一定会严加呵斥。大人就更不必说了，一时兴起，敲碗作乐，总要惹起老人的不快。讲究一点的人家，拿筷子甚至不允许执筷头或筷尾，必须恰在适中。据说，若执筷头（底部）吃饭，将来婚嫁对象就在近邻；而若执筷尾（顶部），则对象远在天边。另外，端碗的手势也有讲究，大拇指一定要搁在碗沿，若是五个手指都托在碗底，也是要被斥为"乞丐相"。

5. 忌进餐中收拾碗筷残渣

旧时厦门民间宴客，不是像现在一道菜吃完再上另一道菜，而是一道紧接着一道上，把桌子摆得满满当当，那才算热烈丰盛。同时，招待客人时，最忌讳摆六盘菜，因为依清朝旧例，死囚临刑前才食以六盘菜肴。而每个人吃剩的鸡鸭鱼骨头等，也必须弃在自己面前的桌上。客人尚未起身离席时，如果去打扫他面前的残渣骨头，那无异于赶客离席，更不用说把他的碗筷收起了。如果只收拾自己的，则又好像是催促未吃饱的其他人。因此，一直到现在，许多人家仍然忌讳在进餐中收拾碗筷残渣。

6. 忌办喜事煮咸粥

咸粥本是厦门人所喜爱的，好吃又省事。办丧事的时候，孝男孝女只负责哭泣，帮忙的人很多，三餐又无法正常，往往煮咸粥来招待，无形中咸粥便成为丧事必备的项目之一。这样一来，办喜事时，当然就视咸粥为大忌了。

7. 忌补冬时吃萝卜、白菜

厦门人极重食补，尤其在秋冬之际，总要吃些壮气养神、补血益肾的食物。这些食物自然是以热性为主，如鳗、鸡等。同时，还要加上参茸等中药补剂，也都是热性。而萝卜、白菜被认为是冷性食物，吃了会使这些补品的功效大打折扣。

8. 忌食物相克中毒

厦门民间有许多关于同时吃某两样食物相克中毒的传说，有的甚至还有人物故事，那些人物还有姓名有地址，不由你不信。传说最多的是，酒和柿子不能一起吃、牛肉和橄榄不能一起吃、生蛇和红糖不能一起吃、南瓜和虾不能一起吃、地瓜和石榴不能一起吃、鳝鱼和红枣不能一起吃、苋菜和鳖不能一起吃等等，大约有四五十种。其中恐怕有真有假，并不太可靠，也未听说科学家们曾加以化验论证。但民间日常依然禁忌。

9. 忌孕妇吃姜吃蟹吃兔

据说孕妇吃姜，婴儿会生出十一支手指头来；如果吃蟹，婴儿会喜抓挠他人；如果吃兔子，生子会缺唇。这个禁忌大约是由于姜尾多歧如指，螃蟹多脚横走，而兔子豁唇所引起的联想，实际上并不科学，如今也多不采纳。

10. 忌祝寿时用筷子夹断线面

老人做寿都要吃面条或线面。在厦门，当这一盘寿面上来时，大家就要一起举筷，夹起面条或线面，一边嘴里还要念"给某某祝寿了"。面条抽得越长，主人才越高兴。如果此时哪位用筷子去夹断面条，不但败兴，而且也大不知趣了。

11.儿童饮食的禁忌

厦门儿童饮食的禁忌似乎比大人还要多一些,这或许是因为对孩子的希望更多,寄望更大,才有更多的禁忌。厦门俗话"吃饭皇帝大",因此禁忌在吃饭时打骂孩子,这一民俗使孩子安心吃饭,不致消化不良,也使父母安心吃饭、阖家欢乐。小孩吃饭时虽可免去父母的打骂,但许多食物却是被禁忌而不准吃的。吃鸡时,小孩不能吃鸡脚、鸡翅膀、鸡肠子,据说小孩吃了鸡脚,将来手会发抖,写不好字,而且手指会如鸡爪一样抓破书。同时,厦门人吃鸡时本来就有一奇怪的说法,认为吃鸡脚和鸡翅要两支一起吃,若家里两个人各吃一支,那就会互相打起架来。大约是看见鸡相互攻击时都用脚和翅当武器而引起的联想吧。鸡肠则因其弯弯扭扭缠在一起,使大人们因害怕自己的孩子缠哭不休,而禁止小孩吃。猪蹄同样也与孩子无缘。因为猪蹄是用来走路的,小孩若吃了,将来长大,婚事就有走掉的可能。这种说法当然是极为可笑的,推测只是小孩啃猪蹄总是吃不干净,人人难逃暴殄天物之咎,干脆就不让孩子吃算了。鱼卵也是不准孩子吃的,据说吃了将来就不会计算。这大约是因为一块鱼卵包含千万粒小卵,在无从算起的情况下,有一种莫名的恐惧,不数为宜,进而引为不吃为宜。很多禁忌如今已经不被认可。

二、衣着禁忌

1.忌反穿衣

厦门旧时丧葬中有"接外客"和"套衫"之俗。所谓"接外客",也称"接外家",即家中女眷去世,入殓前必须迎接女眷娘家的舅舅前来审视。这时,丧家预先放置一桌于门口,桌围需反面而结,桌上排烛台、香炉,但均不燃,专候女眷娘家之人。所谓"套衫",即替死者套上"寿衣"。"寿衣"有三层、五层、七层不等,必须先反穿在孝男身上,再脱下穿在死者身上。由于有这些缘故,反穿衣,形同当孝男,是大不吉利的事。

2.忌衣服晾干后未摆好就直接穿着

晒衣晾衣有许多禁忌。比如夜间露天不可晒衣服,恐冲犯夜游神煞;竹尾不能晾衣服,因像丧事所举的旗幡;将女人的裙裤晾晒在行走之处,忌男人从晾晒的女裙裤下经过。若衣服晒干,则必须先从晾衣竿上收下折叠妥当,然后才可抖开来穿上,否则就不吉利。

3.忌把衣服穿在身上缝补

过去有一种巫术,做个小人,上衣服,写上仇人的名字,然后用针刺在小人的心窝或头上。据说这样一来,仇人就会得病死亡。因此若把衣服穿在身上缝补,不仅穿针引线不便,失手有刺戳之虞,而且令人联想到这种巫术,心里总是有些发毛。所以,缝补衣服时是一定要脱下来的。

三、起居禁忌

1.盖屋禁忌

旧时的大厝建造之时,禁忌很多,诸如:要先盖内后盖外,忌先盖外后盖内。;房间一定要单数,不能双数;前边的房子一定要比后边的低;屋脊上要安放碗、钵或土偶,据说可以压邪;住宅的门口忌讳对冲着路口或巷口,据说容易招来鬼魅,若无法变动,那就要在大门口高悬"八卦镜",或在门旁立"石敢当"。不过最大的忌讳当是被人暗中埋下祟物。祟物可以是各种各样,甚至在厕所灰浆未干时按上一个手掌印,据说也会令主人家不得安宁。能安放祟物的当然主要是工匠师傅,因此,盖房时对师傅是极为恭谦尊重的。房屋的坐向,一般都是坐北朝南,忌朝北和朝东。尤其是店铺,厦门的俗语:"朝南,赚钱一世人(一辈子);朝东,剥空空;朝北,蚀本又脱壳;朝西,赚钱没人知。"有这么几句,可知人们认为朝向之重要性了。另不可在屋中张伞,否则屋内易漏。

2.门槛禁忌

厦门话将门槛叫"户磴"。在俗信中,不但门有门神,门槛也有"户磴神"。偏偏小孩又最喜欢踩踏或蹲坐在门槛上,因此往往被大人不断提醒,不准其踩门槛。商店的门槛更忌踩踏,无论有意或无心,若被店主看到,总要皱起眉头,好似一天的买卖就此给砸了一般。

3.忌在庭院植香蕉

这主要是由于香蕉无籽,无籽即"无子",因此厦门人家的庭院是绝不种香蕉的。

4.忌用字纸擦屁股

字纸即写着或印着字的纸。旧时厦门人相当注重教育,儿孙好坏,首先看他读书如何。尊师重教,乃引申到对书、对字纸的敬重。如果将这令人敬重的字纸拿来擦屁股,就是糟蹋文明礼数。

5.扫帚的禁忌

扫帚在厦门民间被视为具有灵力的东西,关于扫帚的忌讳就特别多。帮倒忙的人往往被骂为"扫帚星",没人愿意与之合作共事。当然,也有很多时候,被指为"扫帚星"的人,其实只是失败之后众人的替死鬼罢了。扫帚的禁忌,最要紧的是忌用竹扫帚打扫客厅房间。一般的习惯,竹扫帚用来打扫庭院马路,只有在家中丧事时,才用它在放灵柩的厅里象征性地扫几下。既然是只在丧事时才用,那平时自然是非常忌讳用竹扫帚扫厅房了。

客人来了,不准扫地,即使扫一半,也得停下来。因为扫地象征着扫地出门,颇有驱赶客人的含意,是绝不允许的。而市井里泼妇争吵,也往往扬言要用扫帚驱赶对手,因为用扫帚打人,挨打者被认为受到最大的侮辱。因此客人来,是万万不宜动扫帚的。有些殷实人家更讲究,打扫客厅时必从厅外扫到厅内。据说,这样就会把外边的"金仔粉"扫入自家区内;反之,当然就有财气外泄的意思,是绝对不行的。

6.忌养白蹄或白尾猫

在厦门话里"白脚蹄"是专指"帮败鬼""扫帚星",即成事不足、败事有余的人。如果是带来好运气的人,则称之为"好脚蹄"。因此养白蹄的猫,等于是给自己招致厄运,是非常忌讳的。白尾猫却是因"白"总让人想起丧事。白尾,便是没有好结尾,不得善终。因此,不独白尾猫,所有白尾巴的家畜在旧厦门民俗中都十分让人忌讳,不过如果全身都是白的倒问题不大。

7.忌鸟粪落在人头上

鸟飞空中,或歇枝头,人从其下过,偏偏有鸟粪不偏不倚落在头上,在厦门民俗中是非常倒霉的事。人们当然会联想自己一定有什么坏运气了,因此若遭此不幸,必须赶快改运消灾,改运的办法就是吃一碗猪脚线面。所以运气虽然不好,却可大快朵颐,可算是不幸中之大幸,以致有些小孩反而期盼"鸟粪运",总在大树下流连忘返。

四、交往禁忌

1.忌乱送礼物

厦门人待人热情、好客诚挚,朋友往来之间自然彼此会有馈赠。但是厦门人对礼物却有许多忌讳,如果乱送礼,不但一番好意没人领,反而会引起误会。忌以手巾、扇子、剪刀、雨伞赠人。厦门话"巾"和"根"同音,俗话有"送巾现断根",有断交之意。直至今日,厦门丧事完毕后都要送手巾给吊丧者,用意在于让吊丧者与死者"断绝"往来,魂魄不找生前好友。因此如平时赠人手巾,也是要令人不禁想起不吉利的丧事或断交之意。

扇子则只在夏季扇凉,一到深秋就弃之不用,是一时之交,用后即弃。若是交友如此,岂不让人伤心?厦门话"扇"和"见"又谐音,俗话有"送扇,无相见",大有断交之意,所以也是忌讳将扇子作为礼物的。

至于剪刀,总是让人想起"一刀两断""一剪两断",在赠予者与受赠者之间不但有断交之意,而且有威胁之意,似要强行断绝,更是万不能作为礼物。

雨伞也是不宜作为礼物的。厦门话"伞""散"同音,而且"雨"和"给"也同音,而"给"在厦门话里又有"让""使"的意思,"雨伞"岂不就是"使"之"散"的意思吗?

北方有的地方因"钟""终"同音,禁忌送钟,厦门却反而没有此忌。过去人家结婚时,还往往把别人送的时钟摆在相当显眼的地方。

2.忌晚间去看望病人

日落后阳气衰退,阴气渐长。对病人来说,也是处在阳气渐衰、阴气渐侵之时。探视病人若在白天,好似带去阳气,而在晚间却如带去阴气,有可能使病人病情加重。因此,在旧民俗中有不宜晚间探望病人的说法。

3.忌穿红衣、花衣参加丧礼

友人或友人亲属之丧,本是极为悲哀之事,如果穿红的、花的或色彩艳丽的衣裳,不但不能表达自己沉痛的心情,而且会令人误会为幸灾乐祸,是非常禁忌之事。另丧后穿孝服者,或穿麻衣,不可乱入他人家。丧家亦不能到别人家拜年。

4.忌以鸭子赠产妇

亲友有生育之喜,礼当祝贺,一般要送进补之物为产妇坐月子,厦门话叫"做月内",产妇称"月内人"。"月内人"宜吃麻油鸡、猪肝、猪腰等热性的食物。而厦门人认为鸭子是性凉的食物,不补,因此"月内人"不宜吃,如果送鸭子就犯了忌。同时,产妇之房,未满月不可进。在婴儿面前不要谈猴,认为谈猴会招致婴儿多病难养;也不要夸婴儿肥胖,要说"好看""好养",抱时亦不可言"重"。

5.渔人之忌

如果到厦门港的渔人之家做客,吃饭时则忌将盘中鱼翻过来,因为一翻则令人联想到船翻了,正确的做法是吃完一边的鱼肉后用筷子将中间的鱼骨剔除。同样,如果不慎打破了汤匙碗盘,也不能讲"破了",只能说"掉了"。"破了"之语,难免想起"船破了"。

厦门民间的禁忌还很多,包括:忌以中指指人,被看作是很不礼貌的行为;忌用手指指月亮、指神像;媒人到家谈婚,不可奉茶,谓奉茶事难;儿童忌戴两顶帽,寓意长不高等等。

参考文献

1. 沈卫平. 8 23 炮击金门 [M]. 北京:华艺出版社,2006.
2. 彭一万. 厦门音乐名家[M]. 厦门:厦门大学出版社,2007.
3. 陈耕,吴安辉. 厦门民俗[M]. 厦门:鹭江出版社,1993.

后 记
POSTSCRIPT

　　厦门风情是旅游管理专业一门具有厦门地域特色的课程,从2009年起,我开始开发并讲授这门课程。由于该课程是新开发的,没有现成的教科书,我四处收罗,参考了潘威廉的《魅力厦门》、彭一万的《厦门音乐名人》、龚洁的《中国厦门》和《吃遍厦门》等书籍,又从网络上收集了大量的素材,并亲自前往相关景区、单位拍摄图片,收集资料,终于完成第一版的"厦门风情介绍"PPT课件制作。

　　在给学生讲授这门课的过程中,我感觉到了他们的兴奋和认真,他们表示在这门课学到了之前从未了解过的厦门的方方面面的内容,扩大了自己的知识面,增加了对厦门这个城市的感性认识。这给了我很大的信心,决心要把这门课上得更好。

　　之后,每届涉外旅游专业(包括成人教育部的旅游管理与酒店专业)学生都开设这门课程。我每年的上、下学期都在上这门课,逐年逐步完善PPT课件制作,内容也逐渐充实丰满,在最初只有"厦门著名景点(上、下)、厦门历史名人(上、下)、厦门美食"这五讲内容的基础上,进一步增加完善了"厦门城市荣誉""厦门风物特产"两讲的内容。

　　由于上述内容是由一个个的专题讲座构成的,我还把这些专题拿到厦门市旅游局培训中心、厦门旅游集团国际旅行社和厦门温馨天天游国际旅行社为导游员们进行讲授,也受到导游员的热烈欢迎，对他们的带团讲解起到很大的帮助。

感谢历年来听我讲授这门课程的涉外旅游专业的学生和旅游业界的导游朋友们，粗略估算，完整听过这门课程的旅游专业学生人数超过500人，而听过本课程中的相关讲座的导游员总人次不少于2000人次，是他们鞭策我、帮助我不断地完善相关的内容，提升这门课程的质量。

经不断丰富、完善，到2014年1月，我决定把相关内容整理、汇总，编成这部教材，希望读者能通过这本教材对厦门风情有更多的认识和把握。2014年上半年，共有5个班级230名学生使用了本教材，使用效果良好，教材受到学生们的热烈欢迎。2014年下半年有2个班的学生开设相关课程，因此，我对本教材又进行了一些完善工作。在校本教材的印制使用过程中，也受到了学院办公室等部门的欢迎，认为可在接待宾客过程中使用。2015年上半年，继续有班级开设此课程，经过查阅陈耕、吴安辉编著的《厦门民俗》以及网上现有的一系列资料，再加以整理完善，我又增加了"厦门民俗"一章的内容，可以说，这是一本在实践中不断完善的教材。2018年2月，受到厦门城市职业学院和厦门大学出版社的大力支持，《厦门风情》正式出版。本书出版迄今已经过了5年多，受众较多，时移事易，结合厦门最新发展情况及党的二十大精神，本书第二版做了较大程度的修改和完善。

感谢大家！

黄邦恩
2023年6月